Menschliche Natur und Digitalisierung

Theo R. Payk

Menschliche Natur und Digitalisierung

Homo sapiens im virtuellen Labyrinth

Theo R. Payk
Bonn, Nordrhein-Westfalen,
Deutschland

ISBN 978-3-662-66985-3   ISBN 978-3-662-66986-0 (eBook)
https://doi.org/10.1007/978-3-662-66986-0

Die Deutsche Nationalbibliothek verzeichnet diese Publikation in der Deutschen Nationalbibliografie; detaillierte bibliografische Daten sind im Internet über http://dnb.d-nb.de abrufbar.

© Der/die Herausgeber bzw. der/die Autor(en), exklusiv lizenziert an Springer-Verlag GmbH, DE, ein Teil von Springer Nature 2023
Das Werk einschließlich aller seiner Teile ist urheberrechtlich geschützt. Jede Verwertung, die nicht ausdrücklich vom Urheberrechtsgesetz zugelassen ist, bedarf der vorherigen Zustimmung des Verlags. Das gilt insbesondere für Vervielfältigungen, Bearbeitungen, Übersetzungen, Mikroverfilmungen und die Einspeicherung und Verarbeitung in elektronischen Systemen.
Die Wiedergabe von allgemein beschreibenden Bezeichnungen, Marken, Unternehmensnamen etc. in diesem Werk bedeutet nicht, dass diese frei durch jedermann benutzt werden dürfen. Die Berechtigung zur Benutzung unterliegt, auch ohne gesonderten Hinweis hierzu, den Regeln des Markenrechts. Die Rechte des jeweiligen Zeicheninhabers sind zu beachten.
Der Verlag, die Autoren und die Herausgeber gehen davon aus, dass die Angaben und Informationen in diesem Werk zum Zeitpunkt der Veröffentlichung vollständig und korrekt sind. Weder der Verlag, noch die Autoren oder die Herausgeber übernehmen, ausdrücklich oder implizit, Gewähr für den Inhalt des Werkes, etwaige Fehler oder Äußerungen. Der Verlag bleibt im Hinblick auf geografische Zuordnungen und Gebietsbezeichnungen in veröffentlichten Karten und Institutionsadressen neutral.

Planung/Lektorat: Alexander Horn
Springer ist ein Imprint der eingetragenen Gesellschaft Springer-Verlag GmbH, DE und ist ein Teil von Springer Nature.
Die Anschrift der Gesellschaft ist: Heidelberger Platz 3, 14197 Berlin, Germany

Die Größe eines „Fortschritts" bemisst sich sogar nach der Masse dessen, was ihm alles geopfert werden musste.

Friedrich Nietzsche (1844–1900) in „Zur Genealogie der Moral, 1887"

Inhaltsverzeichnis

1	Einführung	1
2	Spirale der Evolution	9
3	Homo digitalis	17
4	Im Netz	33
5	Kommunikationsvielfalt	47
6	Welt der Sinne	61
7	Bewusstsein und Bewusstheit	77
8	Cyborgs. Humanoide Roboter	91
9	Prävention und Psychohygiene	103

1

Einführung

Zusammenfassung Informationstechnologische Neuerungen haben in kurzer Zeit weltweit Datenverarbeitung, Automatisierung und Kommunikation revolutioniert. Die damit einhergehenden Fortschritte haben sich auf fast allen Gebieten etabliert und neue wissenschaftliche Erkenntnisse ermöglicht. Den Erleichterungen und Hilfen in individuellen wie interaktionellen bzw. öffentlichen Bereichen stehen allerdings oft hohe selektive Anforderungen an die mentalen Potentiale gegenüber. Die natürliche Ausstattung des Menschen an psychosozialer Kompetenz und sensorischen bzw. Wahrnehmungskapazitäten ist nicht an die riesige Informationsflut adaptiert.

Neben wirtschafts- und energiepolitischen Gründen hat nicht zuletzt die Covid-19-Pandemie die ohnehin expandierende Digitalisierung in allen Lebensbereichen massiv ausgeweitet und rapide beschleunigt. Digitaler

Impfpass und Corona-Warn-App unterstützten hilfreich die Gesundheitsvorsorge; Fitnesstracker registrieren in Echtzeit wichtige Körperfunktionen als Beitrag zur Prävention (Digital Health). Home-Office, Zoom-Meetings und Online-Einkäufe erweisen sich inzwischen vielerorts als unentbehrliche Instrumente zur Befriedigung privater Bedürfnisse und Erfüllung beruflicher Verpflichtungen.

Mehr denn je bestimmt künstliche Intelligenz (KI) in allen ihren Facetten Alltag, Arbeitswelt und Kommunikationsverhalten des Menschen. Sie hat in Handel, Verkehr, Wirtschaft, Wissenschaft und Unterhaltungsindustrie enorm an Bedeutung gewonnen und zur Verbesserung von Bildung und Lebensstandard beigetragen. Die schier unerschöpflichen Datenmengen aus den neueren, nanotechnologischen und biomolekularen Forschungen sowie astronomischen Beobachtungen lassen sich nur noch mithilfe maschineller Rechenoperationen sortieren, einordnen und bewerten.

Dank telematischer Verknüpfungen wurden in der Heilkunde Riesenfortschritte hinsichtlich der präventiven, diagnostischen und therapeutischen Ressourcen erzielt. Einsatz bzw. Implantation elektronischer Apparate zur Unterstützung defizitärer bzw. krankmachender Organfunktionen sind bereits seit Jahrzehnten gang und gäbe. Die Schnittstelle zwischen Mensch und Maschine ist durchlässig geworden, ein Ende ist nicht abzusehen.

Auf der anderen Seite sind die negativen, psychologischen und soziokulturellen Begleiterscheinungen der allgegenwärtigen, globalisierten Informatisierung nicht zu übersehen. Sie hat zum einen den Trend zu Isolation und Vereinsamung nicht aufhalten können – im Gegenteil: Virtuelle Kontakte sind lediglich Surrogate, die das Bedürfnis nach leibhaftiger physischer Nähe und lebendiger Geselligkeit nicht wirklich befriedigen; exzessiver Smartphonegebrauch, Chats und Broadcasting scheinen Schüchternheit oder Selbstunsicherheit eher wechselseitig zu verstärken. Allenfalls können Computerspiele (Gaming) oder Chatting schwerer behinderten Menschen ein gewisses Maß an sozialer Teilhabe ermöglichen oder rehabilitative Maßnahmen unterstützen.

Online-Gaming und Internetsurfen können krankhaft-suchtartigen Charakter annehmen, eingeschlossen die Faszination von Gewaltausübung (Shooter-Spiele) und den zwanghaft-pathologischen Pornografiekonsum (Cybersex). Sog. soziale Medien, d. h. Social-Media-Plattformen wie Facebook (alias Meta Platforms), Telegram, TikTok, Twitter, Instagram, YouTube etc., werden nicht nur mit werbepsychologischem Geschick gewinnträchtig instrumentalisiert (sog. Social Engineering), sondern auch in Form von gezielten Falschmeldungen (Fake News) manipulativ eingesetzt.

In Internetforen werden anonym Beleidigungen oder gar Bedrohungen (Cybermobbing bzw. Hatespeech) platziert. Kriminelle Aktivitäten umfassen kinderpornografische Angebote, Geldwäsche, Drogengeschäfte und Waffenhandel; Hackerangriffe dienen erpresserischen Attacken, die sogar lebenswichtige Kommunikationsnetze beschädigen können. Da deren Urheber mittels spezieller, zugangsgeschützter Software mit mehrfach abgestuften Verschlüsselungen im sog. Darknet tätig werden, sind sie nur äußerst schwer zu enttarnen.

(Auf der anderen Seite sind gelegentlich auch digitale „Selbstverletzungen" in Form pathologisch-autoaggressiver Statements zu beobachten, z. B. als kompromittierende oder verstörende, anonyme Selbstbezichtigungen.)

Die voranschreitende Automatisierung wird zahlreiche herkömmliche Arbeitsplätze überflüssig werden lassen, zumindest massenhaft berufliche Neuorientierungen bzw. Umschulungen erforderlich machen, vermutlich einhergehend mit erheblichen, gesellschaftlichen Umorientierungen oder gar Verwerfungen. Darüber hinaus stellt der durch die elektronische Informationstechnologie bedingte, weltweit stetig wachsende Energieverbrauch eine bislang ungelöste Herausforderung dar.

Ergänzend zu den gegenwärtigen, soziologischen und gesellschaftspolitischen Diskussionen über eine forcierte Digitalisierung widmet sich diese Schrift – entgegen den lobbyistischen Kampagnen – den fatalen Begleiterscheinungen einer kollektiven, sensuellen Verarmung der naturgegebenen Wahrnehmungspotentiale durch den massenhaften Einsatz künstlicher Intelligenz.

Von pädagogischer und psychologischer Seite wurde zwar über individuelle Auswirkungen wie Bewegungsmängel, Lern- und Konzentrationsstörungen, Kopfschmerzen, Schlafprobleme, Interesseneinengung und Naturentfremdung, insbesondere bei Heranwachsenden, berichtet, die auf den exzessiven Gebrauch von Mobilfunk und Internet zurückgeführt werden. (In China wurde daher z. B. der Gebrauch von Smartphones an Schulen verboten und das Computerspielen für Jugendliche zum Schutz der Gesundheit reguliert.)

Weniger Aufmerksamkeit wurde bisher hingegen den Auswirkungen der digitalisierten Informationstechnik auf die sensorisch-neurobiologischen Befähigungen des Menschen gewidmet, die als Bausteine jeglicher Orientierung über sich selbst und in der Welt unentbehrlich sind.

Festzustellen ist sowohl eine selektive Überforderung der naturgegebenen, visuellen Potenziale durch die flüchtigen Reize rasch wechselnder Bilderfluten als auch eine Unterforderung aller übrigen, perzeptiv-sinnlichen Wahrnehmungsbefähigungen.

Sekundär drohen dadurch langfristig auch mentale Flexibilität, Sprachgefühl und Rechtschreibung zu verarmen, vor allem jedoch die Befähigungen zu Intuition, Kreativität, Empathie und Solidarität, die zur anthropologischen Grundausstattung gehören. Die Vielfalt realer Selbstfindungs- und Lernerfahrungen während der Entwicklung, die sowohl als notwendiges Fundament einer kohärenten und sinnerfüllten Lebensplanung wie auch zu einer gelungenen Sozialisation in einem freiheitlich-demokratischen Gesellschaftsgefüge unentbehrlich sind, verkümmert.

Offensichtlich tritt die Evolution in eine neue Phase der menschlichen Spezies – als „Homo digitalis", ausgestattet mit immer komplizierteren, informationstechnologischen Hilfsmitteln und Ersatzteilen, die womöglich am Ende durch eine Implantation künstlicher neuronaler Mikrochips die Grenze zwischen menschlichem Bewusstsein und maschineller (Selbst-)Steuerung durchlässig machen.

Darüber hinaus würde eine künstliche, sich permanent selbst optimierende Hyperintelligenz eines Tages nicht nur das menschliche Leistungsvermögen an Umsicht, Gedächtnis, Urteilskraft und Entscheidungsfreiheit simulieren und ggfs. modifizieren, sondern auch die Ressourcen zu sozialer Kompetenz, Pflichtgefühl, Verantwortungsbereitschaft und Mitempfinden neu interpretieren oder gar durch materielle Flexibilität, Effizienz und Nützlichkeit ersetzen.

Eine der Folgen könnte beispielsweise ein KI-gesteuertes, autonomes Waffensystem sein, das errechnete, (vermeintlich?) feindliche Ziele identifiziert und ohne menschliches Eingreifen selbstständig „ausschaltet". Informationsspezialisten sehen darin angesichts der kontinuierlich wachsenden, quantitativen und qualitativen Rechnerleistungen eine Möglichkeit hybrider

Kriegsführung, die bislang eher durch logistische als durch ethische Bedenken nur lokal betrieben wird.

Es hat den Anschein, als sei der Mensch in einen Spagat zwischen seiner über Abertausende Jahre entwickelten Sinneswelt und dem Strudel der erst Jahrzehnte alten, informationstechnologischen Welt abstrakter Daten geraten, die sich immer mehr seiner Kontrolle entziehen.

Die damit verbundenen mentalen Anstrengungen, Umorientierungen und Anpassungsversuche samt soziokulturellen Umbrüchen waren in diesem Tempo bislang in der Evolution nicht „vorgesehen", wobei das krasse, dystopische Nebeneinander von Elend und Elektronik insbesondere in den Entwicklungsländern oftmals absurd anmutet.

Eine Rückkehr in den mythischen, für immer versperrten, „analogen" Garten Eden der frühen Menschen, d. h. zu einem vermeintlich paradiesischen, kreatürlichen Leben in Schlichtheit, Einfalt und Eintracht, ist ausgeschlossen; selbst ein beschauliches Innehalten in der hektisch hochdigitalisierten Welt kann erhebliche Einschränkungen und spürbare Nachteile mit sich bringen.

Die technologischen Errungenschaften zu leugnen oder gar zu dämonisieren, erscheint indes weder sinnvoll noch zielführend; der Geist ist unwiderruflich aus der Flasche.

Jedoch ist ein sozialverträgliches, bedarfsgerechtes und bürgerfreundliches Management von Tempo, Ausmaß und Nutzung der digitalen Transformationsprozesse nach einer selbstkritischen Bestandsaufnahme notwendig, falls der Mensch seinen Fortbestand in Würde und Selbstachtung sichern will.

Begleitend könnten verbesserte, vorbeugende und regenerative Möglichkeiten zur Pflege der spezifisch menschlichen, analogen Sinneswelt angeboten, genutzt und gefördert werden, einhergehend mit einem vertieften

Erleben von Natur und realer physischer Nähe. Zugleich würden hierdurch die fatalen ökologischen Fehlentwicklungen der anthropozänen, bedrohlichen Einflussnahme auf unseren Planeten abgemildert werden.

Angesichts dieser einschneidenden Veränderungen wird eine grundlegende, gesellschaftliche Debatte bzw. Neuformulierung der ethischen und rechtlichen Rahmenbedingungen sowohl über die anscheinend ungehemmte Entfesselung der Digitalisierung samt Verwendung der riesigen, anonymen Datenansammlungen als auch über eine Kontrolle selbstlernender, „superintelligenter" Roboter dringlicher denn je.

Literatur

Fleisch, E., Mattern, F.: Das Internet der Dinge. Springer/Berlin 2005
Grimm, P. u. Mitarb.: Digitale Ethik. Reclam/Ditzingen 2019
Heuser, U.J.: Tausend Welten. Die Auflösung der Gesellschaft im digitalen Zeitalter. Berlin Verlag 2000
Meinel, Ch., Sack, H.: WWW – Kommunikation, Internetworking, Web-Technologien. Springer/2004
Nietzsche, F.: Zur Genealogie der Moral. Kritische Gesamtausgabe (1887). Walter de Gruyter/Berlin 1968
Weizenbaum, J.: Computermacht und Gesellschaft. Suhrkamp/Frankfurt 2001
Wulf, Ch.: Anthropologie. Geschichte, Kultur, Philosophie. Rowohlt/Reinbek 2004

2

Spirale der Evolution

Zusammenfassung Die Entwicklung des Lebens bis hin zur Gegenwart umfasst zeitliche Spannen von mehreren Millionen Jahren. Vom Menschenaffen bis zum heutigen Homo sapiens dauerte es nur einen Bruchteil dieser Zeit, die offensichtlich mit stetigen evolutiven Beschleunigungen der Hominisation einherging. Triebkräfte waren die technologischen Sprünge durch Erfahrungen und Wissen, die in immer kürzeren Perioden erhebliche technische und soziokulturelle Veränderungen nach sich zogen.

Die „Menschwerdung" erstreckte sich über einen Zeitraum von Hunderttausenden Jahren. Angesichts der gegenwärtigen, revolutionären digitalen Wandlungen erscheint im Zusammenhang mit den Lebensbedingungen auf unserem Gestirn ein kurzer Rückblick auf die bisherige, wechselvolle Spur der Evolution angebracht.

Soweit aus archäologischen Funden, prähistorischer Forschung und Altertumskunde bekannt, gab es im Laufe der vieltausendjährigen Menschheitsgeschichte in immer kürzeren Abständen körperliche, gesellschaftliche und technologische Entwicklungsschübe, von Generation zu Generation getriggert durch das Wechselspiel zwischen Vererbung, Lernen, Erfahrung und Anpassung.

Sie gingen jeweils mit folgenschweren soziokulturellen Veränderungen einher und flankierten den Weg vom Hominiden zum heutigen Homo sapiens sapiens, der sich dadurch immer weiter von seinen Verwandten aus dem Stamm der Menschenaffen entfernte.

Zu den eindrucksvollsten Errungenschaften der Hominisation gehörten beispielsweise der aufrechte Gang und der Gebrauch von Steinwerkzeugen des Homo erectus vor über einer Million Jahren, sodann die Nutzung des Feuers, die Errichtung einfacher Behausungen und die Fertigung von Kleidungsstücken. Die Entwicklung der anatomischen Werkzeuge zur Produktion und Rezeption der menschlichen Lautsprache in Gehirn und Kehlkopf setzte hingegen vermutlich erst vor ca. 300.000 Jahren ein.

Nachdem der Steinzeitmensch seine nächst entfernte Verwandtschaft, die Neandertaler und Denisova-Menschen, dank besserer Überlebenspotentiale evolutionär „überholt" hatte, wandelte er sich vom Jäger und Sammler zum sesshaften Ackerbauer. Spätestens seit dieser Zeit expandierten in immer schnellerer Abfolge technologische Fortschritte, die jeweils tiefgreifende Umgestaltungen der Lebensbedingungen nach sich zogen. Aus der Selbstbehauptung gegen die Gefahren der Natur wurde der Wille zu deren Beherrschung bis hin zu ihrer gedankenlosen Beschädigung und organisierten Ausbeutung.

Der Mensch wohnte nicht mehr in Höhlen, sondern in selbstgebauten Hütten, schnitzte hölzerne Gerätschaften und brannte aus Lehm Keramikgefäße. Er domestizierte den Wolf und das Pferd, organisierte sich in Stammesgemeinschaften und trieb Tauschhandel. Seine mentale Kapazität erlaubte ihm seit der Entdeckung des Kupfers im 8. Jahrtausend v. Chr. die Herstellung von Werkzeugen, Waffen und Schmuck aus Metall. Angetrieben von transzendentalen Vorstellungen mit Fragen nach dem Sinn seines Lebens, bestattete er die Toten, formte Kunstfiguren und baute mächtige Monumente aus Stein.

Das menschliche Talent zur Abstraktion und das Bedürfnis nach Spiritualität zeigen sich bereits in den symbolhaften Einkerbungen aus vermutlich kultisch-zeremoniellen Gründen und den Höhlenmalereien der altsteinzeitlichen Jäger und Sammler. Sie erweiterten sich vor 9000 bis 10.000 Jahren zur standardisierten Zeichenschrift als revolutionär neuartigem, quasi digtalen Kommunikationsmedium, das Mitteilungskomplexe in einzelne, symbolhafte Chiffren zerlegte, die dann nur noch aus dem Zusammenhang verstanden werden konnten. Die Erfindung des Buchdrucks verhalf dieser Kulturtechnik sodann zum weltweiten Durchbruch (s. auch folgendes Kapitel).

Die soziokulturellen Sprünge unserer Vorfahren wurden ermöglicht durch deren wachsende Fähigkeiten und Fertigkeiten, die ihnen das im Laufe der Evolution mächtig gewachsene Gehirn bot, insbesondere das Vorderhirn. In diesem „Zentrum des Geistes" befindet sich die Schalt- und Kommandozentrale für die sog. exekutiven Funktionen (z. B. Denken, Planen, Einordnen, Schlussfolgern, Bewerten und Entscheiden), die den Menschen den weitesten mentalen Vorsprung vor den Tieren verschafften (siehe auch Kap. 4 und 7).

Vor dem Hintergrund der stürmischen, technologischen Entwicklungen während der letzten 200 Jahre gewinnt die gegenwärtige Phase der digitalen Umgestaltung besondere

Bedeutung; ihre Ergebnisse scheinen bislang ebenso wenig kontrollierbar wie deren Konsequenzen einschätzbar.

Vorläufer war der rapide Zuwachs an Erkenntnissen aus Naturwissenschaft und Technik in der Neuzeit, vor allem die Entdeckungen der Elektrizität und Dampfkraft. Sie läuteten zu Beginn des 19. Jh. die Epoche des industriellen Zeitalters ein, gekennzeichnet von Mechanisierung, Bergbau und Metallverarbeitung. Hand in Hand hiermit wurde der Eisenbahnbau vorangetrieben; Mitte des 19. Jh. produzierte die Firma Borsig bereits Tausende Dampflokomotiven.

Währenddessen dissoziierten Landwirtschaft, Werkstätten und Kleinbetriebe zu Fragmenten einer diffusen, gesichtslosen Industriegesellschaft mit allen negativen Begleiterscheinungen: massive Urbanisierung, groteske soziale Ungleichheit, Ausbeutung und Verelendung der besitzlosen Arbeiterschaft („Proletariat" – s. Kap. 9).

Etwa in den 1870er und 1880er Jahren folgte eine zweite Welle der industriellen Revolution, gekennzeichnet durch eine vorangetriebene Energiegewinnung aus Kohle und Erdöl, durch Mechanisierung und Massenproduktion am Fließband. Elektrizität und Verbrennungsmotor ersetzten die Dampfmaschine. Elektrotechnik, chemische und optische Industrie, Feinmechanik und Maschinenbau lösten die Phase der Hochindustrialisierung ab.

Der nächste Schub einer (post)industriellen Umstrukturierung schloss sich ab den 1960er Jahren an. Er wurde u. a. geprägt von der Automatisierung und Nutzung der Kernenergie, sodann der Informationstechnik (IT); bereits in den 1940er Jahren setzten Großfirmen vereinzelt Computer ein.

Der Urbanisierungswelle vor über hundert Jahren folgte die der massiven, globalen Medialisierung seit Mitte des 20. Jh., deren elektronische Produkte wie Mobilfunk und Internet inzwischen Kommunikationsverhalten,

Sozialisationsgepflogenheiten und Sprachkultur weitgehend beherrschen.

Die Folge- und Begleiterscheinungen der weltweiten Digitalisierung seit Ausgang des vorigen Jahrhunderts haben das Ausmaß einer Kulturrevolution angenommen, die sich auf nahezu alle Lebensbereiche der Menschen auswirkt – vergleichbar den oben beschriebenen, industriellen Umbrüchen 200 Jahre zuvor. Die damit einhergehenden Neuerungen in Wirtschafts- und Arbeitswelt, Öffentlichkeit und Privatleben haben innerhalb weniger Jahrzehnte überall dort am raschesten stattgefunden, wo die informationstechnischen Anwendungs- und Nutzungsmöglichkeiten zügig, kreativ und mit kommerziellem Gewinn realisiert werden konnten.

Betroffen sind zum einen Bereiche, die implizit eine Verbesserung von Lebensqualität und Wohlstand durch den Einsatz künstlicher Intelligenz mit sich brachten: z. B. industrielle, halbautomatische Steuerungsanlagen, Landwirtschaft, Haushaltsgeräte und medizintechnische Apparate, Datenverarbeitung, Bürokratie, Korrespondenz und Kommunikation.

Zum anderen eröffnete sich mit dem Internet explizit ein globaler, quasi unbegrenzter Raum der virtuellen Informationsübermittlung (Cyberspace), der nicht nur zweidimensional auf den Bildschirmen von Computern darstellbar ist, sondern auch als räumliche Wahrnehmung mittels spezieller, sog. VR-Brillen (Virtual-Reality- bzw. Cyberbrillen) dreidimensional realistisch vermittelt werden kann.

Weiter wachsende, computerbasierte Entwicklungsperspektiven und Einsatzmöglichkeiten zeichnen sich ab. Zu den potentiellen Anwendungsbereichen gehören z. B. 3-D-Druck-, Nano- und Biotechnologie, Quantencomputing und autonom arbeitende Roboter. Es ist zu hoffen, dass die Informationstechnologie auch durch neue Formen der Energiegewinnung (wie z. B. der Kernfusion) dazu beitragen wird, die destruktiven, ja lebensgefährlichen Folgen der Industrialisierung und der damit einhergehenden Umweltzerstörung einzugrenzen.

Ob der unberechenbare Evolutionsprozess ein Ziel, einen Sinn und Zweck hat, lässt sich aus Sicht der Natur- und Lebenswissenschaften nicht beantworten; die Erde ist kosmologisch nicht mehr als ein Staubkorn im expandierenden Universum mit unbekanntem Schicksal.

Zur Entstehung des Lebens auf der Erde wird angenommen, dass die ersten Schritte von der unbelebten Natur aus Wasserstoff und Kohlenstoff zur belebten in Form von Eiweißmolekülen vor ca. 3,8 bis 3,5 Mrd. Jahren abliefen, die sodann Bausteine der ersten, primitiven Einzeller (Prokaryonten) wurden. Mit der Produktion von Sauerstoff (durch Bakterien) zur Energiegewinnung wurde eine Milliarde Jahre später bis heute die Existenz von Lebewesen mit dem Vermögen zur Reproduktion und zum Selbsterhalt möglich.

Im Laufe der Evolution folgen die Takte einer „Optimierung" unter dem unerbittlichen Druck einer Selektion, die den am besten umweltangepassten Lebewesen die größten Überlebenschancen bot. Die wiederholten Klimakatastrophen durch Vulkanausbrüche, Meteoriteneinschläge und Flutwellen, die extreme Temperaturschwankungen zur Folge hatten, waren jedes Mal offensichtlich von einem Massenaussterben der meisten Arten begleitet. Auf der anderen Seite wurden vermutlich dadurch die Grundlagen bzw. Entstehungsbedingungen der „Menschwerdung" geschaffen.

An die Stelle der natürlichen „Auslese" trat mittlerweile ein vom Menschen selbst gelenkter Wettbewerb, orientiert an den treibenden Kräften des technischen Fortschritts.

2 Spirale der Evolution

Neugier, Wissen, Bildung, Kompetenz, Experimentierfreude, Durchsetzungsfähigkeit, Machtinstinkte und ökonomische Interessen sind an die Stelle der ehemals naturgegebenen, biologischen Auswahlgesetzmäßigkeiten getreten.

Die Menschheit des anthropozänen Zeitalters ist infolge von Bevölkerungswachstum, Umweltverschmutzung, Klimawandel und Artenschwund in ihrer jetzigen Form insgesamt existentiell bedroht. Pharmakologische Neuerungen, Gentechnik, Neuroenhancement, kryonische Konservierung, die Züchtung einzelner Organe im Labor oder deren Produktion durch 3-D-Drucker sind Versuche, einen Ausweg aus der Sackgasse zu finden, zumindest eine „Gnadenfrist". Die „Natur" würde ohne den Menschen auskommen.

Ob, und um welchen Preis, die digitalisierte Gesellschaft durch eine transhumane Verbindung zwischen Mensch und maschineller Intelligenz ihr irdisches Überleben in Form von digitalen Zwillingen, Hologrammen, externen Datenspeicherungen oder humanoiden Robotern wird sichern können, steht auf einem anderen Blatt – wie auch immer: Von dem herkömmlichen Menschenbild wird man sich irgendwann wohl verabschieden müssen (siehe Kap. 7).

Die Suche nach einer neuen Bleibe, einer Art Zuflucht auf einem anderen Stern, einer „neuen Erde", gehört einstweilen zu den unrealistischeren Science-Fiction-Visionen astronautischer Enthusiasten, die von einer Überwindung der Reisegeschwindigkeiten im Weltraum jenseits der heute bekannten, physikalischen Gesetzmäßigkeiten, der Gründung neuer Siedlungen und dem Aufbau andersartiger Lebensbedingungen entsprechend angepasster „Existenzen" schwärmen.

Literatur

Crutzen, P. J., Müller, M. (Hrsg.): Das Anthropozän. Oekom/München 2019

de Chardin, P.T.: Punkt Omega – das göttliche Ziel der Evolution. Patmos/Ostfildern 2013

Glaubrecht, M.: Das Ende der Evolution: der Mensch und die Vernichtung der Arten. C. Bertelsmann/München 2019

Hahn, H.-W.: Die industrielle Revolution in Deutschland. 3. Aufl. de Gruyter- Oldenbourg/Berlin 2011

Harari, Y. N.: Homo Deus. 13. Aufl. Ch. Beck/München 2020

Helbig, H.: Welträtsel aus Sicht der modernen Wissenschaften. 2. Aufl. Springer/Berlin 2020

Numbers, R.L.: The Creationists: From Scientific Creationism to Intelligent Design. 2nd edition. Univers. Press/Harvard, 2006

Storch, V. u. Mitarb.: Evolutionsbiologie. 3. Auflage. Springer/Heidelberg 2013

Touraine, A.: Die postindustrielle Gesellschaft. Suhrkamp/Frankfurt 1972

Wulf, Ch.: Anthropologie. Geschichte, Kultur, Philosophie. Rowohlt/Reinbek 2004

3

Homo digitalis

Zusammenfassung Der Mensch hat eine neue Entwicklungsplattform erreicht, die mit seinem bisher analog erworbenen Wissen und den tradierten Erfahrungen aus seinem evolutionären Erbe nicht mehr kompatibel ist. Die Erkenntnisse aus Kybernetik, Kommunikationswissenschaft und Elektronik, insbesondere die Verbindung mit der elektromechanischen, automatisierten Arbeitswelt, eröffneten zwar auf der einen Seite völlig neue Forschungsfelder in den Natur- und Lebenswissenschaften. Auf der anderen Seite hinterließen sie aufgrund ihrer komplexen virtuellen Steuerungsprozesse auch Unbehagen und Zwiespältigkeit.

Wie ist die Position des Menschen in einer durchdigitalisierten Welt einzuordnen?

Die Befähigung zur Lautsymbolik der Sprache und – viel später – zur Zeichensymbolik der Schrift entwickelte sich über Jahrtausende. Wie bereits erwähnt, bestanden die ersten Schritte von der sprachlich-analogen zur nichtsprachlich-digitalen Kommunikation in Verschriftlichungen von Botschaften vor mutmaßlich 10.000 Jahren mittels semistandardisierter, fixierbarer Zeichen auf mehr oder weniger haltbaren „Datenträgern" wie z. B. Steinen. (Bemerkenswert ist, dass sie beständiger sind als die heutigen Bytes auf elektronischen Speichern.)

Die Grenzlinie zwischen den ersten Glyphen bzw. der Bildersprache und dem Ersatz von sprachlicher Verständigung durch eine jeweils kulturspezifische Grammatik bzw. Semiotik wurde damit durchlässig (s. Kap. 2).

In den illustrierten Schriften späterer Jahrhunderte, den gegenwärtigen Kinderbilderbüchern und Comic-Heften sind beide Formen der vereinfachten Informationsvermittlung noch enthalten. Im Zeitalter der elektronischen Korrespondenz haben sich einzelne Satzzeichen als semiologische Novitäten etabliert, die als Sammelsurium sog. Emoticons (Smileys, Emojis) an gefühlskonnotierte Relikte der uralten Bildersprache erinnern. Die symbolhaften Piktogramme auf Hinweisschildern und Verkehrszeichen – ebenfalls Vorläufer der Schrift – fungieren demgegenüber nüchtern-sachlich als allgemein verständliche, bildhafte Hinweise.

Erst während der letzten Jahrzehnte hat sich auf sprachlicher Ebene eine globalisierte Übernahme zahlreicher anglizistischer Neuwörter und Kürzel eingebürgert, die gemäß ihren Ursprüngen (in den USA) in der Welt der Computer und Schreibprogramme die Bedienungsregeln bestimmen.

Im Vergleich zu den frühgeschichtlichen, epochalen Umwälzungen, die sich innerhalb von Jahrtausenden vollzogen, ist die jüngste Entwicklungsphase der Menschheit aus evolutionsbiologischer Sicht extrem kurz. Gehirn und

Nervensystem als Verarbeitungssysteme für Perzeption und Einordnung sind für die Erkennung, Bewertung und Abspeicherung analog strukturierter Wahrnehmungsreize eingerichtet; eine diesbezügliche Adaptation widerspricht der Kompatibilität mit den digitalisierten Algorithmen der binären Computersprache und erscheint daher grundsätzlich nicht realisierbar.

Während der nicht einmal ein halbes Jahrhundert währenden digitalen Revolution – in der Menschheitsgeschichte lediglich ein Wimpernschlag – versucht das menschliche Gehirn, sich in dem gestaltlosen, abstrakten Algorithmenkomprimat der Computer zurechtzufinden, das gleichwohl das menschliche Vorstellungsvermögen übersteigt.

(Die stete Zunahme der Zivilisationskrankheiten Diabetes, Bluthochdruck, Arteriosklerose und Krebs u. ä. lässt im Übrigen erkennen, dass es für den menschlichen Organismus auch anderweitig Anpassungsdefizite gibt – siehe auch Kap. 4.)

Die unwiderrufliche Löschung von Computerdateien, die in der virtuellen Welt detailliert einen Gegenstand, einen Sachverhalt oder sogar einen Menschen abbilden, durch einen kurzen Tastenklick löst ein unbehagliches Gefühl aus (s. Kap. 4 und 6). Ebenso faszinierend wie beklemmend erscheinen die technischen Methoden, Dokumente und Fotos einzulesen (zu scannen), sogar mittels Laser auch Objekte dreidimensional zu erfassen, auf kleinstem Raum zu archivieren, jederzeit wieder zu veranschaulichen – oder zu eliminieren.

Davon abgesehen überfordert bereits die einfache Verwendung eines Computers viele Personen, vor allem die ältere Generation. Die verheißenen Funktionsmöglichkeiten mithilfe scheinbar unkomplizierter Tastatur- oder Sprachbedienung lassen sich oft nicht problemlos umsetzen; statt Erfolgserlebnissen stellen sich bei den ohnehin updategetriebenen Benutzer/-innen Enttäuschung, Frust und Ärger ein. Das Prinzip, dass der Mensch die Maschine beherrschen soll, wird auf den Kopf gestellt.

Zweifellos gingen – wie bereits bemerkt – die enormen technologischen Fortschritte der Neuzeit mit beträchtlichen technischen, sozioökonomischen und soziokulturellen Veränderungen einher. Nachdem vor erst etwa 50 Jahren die Grundlagen dafür geschaffen wurden, Informationen als elektronisch codierte Signale einzusetzen und für jedermann verfügbar zu machen, wurde ein neues, das „postindustrielle" (postmoderne) Zeitalter eingeläutet. Insbesondere die Erkenntnisgewinne auf den Gebieten der Ingenieurwissenschaften, Kybernetik und Nachrichtentechnik seit Mitte des 20. Jahrhunderts führten innerhalb weniger Jahrzehnte zu einem einzigartigen Zuwachs an Informationstechnologien.

Elektrotechnische Meilensteine waren bereits die Erfindung der Telegrafie und Telefonie einschließlich Telefax bzw. die Entdeckung der elektromagnetischen (Radio-) Wellen gegen Ende des 19. Jh., in deren Gefolge sich ab den 1920er Jahren in kurzer Zeit der Hörfunk als allgemein zugängliches Informationsmittel etablierte. Das Radio wurde zur führenden Informationsquelle, die in jeden Haushalt Einzug hielt.

Nach den ersten Experimenten hinsichtlich der elektronischen Übertragung bewegter Bilder während der 1930er Jahre entwickelte sich innerhalb weniger Jahrzehnte das Fernsehen zur zweiten Säule des Rundfunks; als allgegenwärtiges Massenmedium hat es inzwischen die Nutzung des Radioempfangs weit „überholt" (s. auch Kap. 8).

Die spektakuläre Dynamik hinsichtlich der Forschungen auf dem Gebiet der Mikro- und Nanoelektronik während des 20. und 21. Jh. ermöglichte die

Konstruktion neuartiger Rechenmaschinen (Computer), die Daten in Form von Bytes und Bits (bzw. Qubits in den Quantenprozessoren) organisieren und codieren, speichern und decodieren können. In Form transportabler Geräte sind sie allerorts als Personal Computer (PC), sogar in Heftgröße (Tablet), in Gebrauch.

Computer dienen der schnellen Verarbeitung eingegebener Algorithmen. Sie arbeiten mit integrierten Schaltkreisen auf winzigen Chips aus Silizium, bestückt mit Halbleitern (Transistoren), deren Größe mittlerweile auf nur wenige Millimeter bzw. Nanometer verringert wurde, sodass sie millionenfach in einem PC untergebracht werden können. Platinen erlauben deren unkomplizierte, modulare Zusammensetzung zu hierarchisierten Funktionseinheiten. Die Programmierer/innen der jeweiligen Rechenvorschriften (Algorithmen) avancierten zu einer gefragten Berufsgruppe.

Die Generation der neuartigen Quantencomputer, deren Arbeitsweise im Gegensatz zu den herkömmlichen Kippschalterfunktionen der Mikrochips auf den mehrdeutigen, rätselhaften Regeln der Quantenmechanik beruht, wird nochmals zu einer Steigerung der Rechenleistungen führen.

Mit den mechanischen Rechenmaschinen des 17. Jahrhunderts haben alle Computer nur noch den Grundgedanken gemeinsam, zeitaufwendige, komplizierte mathematische Funktionen mittels einer ausgeklügelten Technologie zu beschleunigen und/oder zu automatisieren. Heutige Rechner suchen inzwischen Informationsverarbeitungen nachzubilden, die biologischen Vorbildern – Nervenzellen, Synapsen, Schaltkreisen und Modulen neuronaler Netzwerke – ähnlich sind (s. auch Kap. 5 und 7).

Hand in Hand mit dem rasanten Zuwachs an Rechnerleistungen vollzog sich die Entwicklung der

Speichermedien. Nachdem als Datenträger zu Beginn der 1970er bzw. 1980er Jahre Disketten, CD und DVD an die Stelle von Filmstreifen und Magnetbändern traten, revolutionierten knapp 20 Jahre später sog. Flashspeicher wie USB-Sticks, Memory Cards und Solid State Discs (SSD) nochmals die elektronische Speichertechnologie. Trotz riesiger Speicherkapazitäten – derzeit bis zu 2 Terabyte – benötigen sie keine Laufwerke mehr.

Inzwischen ist der Computereinsatz im alltäglichen Leben unentbehrlich geworden, angefangen von einfachen Datenerhebungen und Verwaltungsvorgängen bis hin zur Verwendung künstlicher Intelligenz in Wissenschaft und Forschung. Kommunikation und Kommerz, Automatisierung und industrielle Massenproduktion, Logistik und Verkehr wären ohne einen elektronischen Datenaustausch nicht mehr realisierbar. Bereits im Jahr 1996 stellte die US-amerikanische „International Business Machines Corporation" (IBM) einen Schachcomputer (Deep Blue) vor, der den damaligen russischen Schachweltmeister Garri K. Kasparow besiegte; er war in der Lage, ca. 200 Mio. Züge pro Sekunde (!) zu berechnen.

Dank gigantischer Rechnerleistungen ermöglichte der Einsatz künstlicher Intelligenz völlig neue Einblicke in die Geheimnisse der Natur – mit frappierenden Erkenntnissen in der Chemie, Physik, Biologie, Medizin und Astronomie. Hightech-Maschineneinsatz und Automatisierung gingen mit einer Humanisierung der Arbeitswelt bei gleichzeitig wachsender Lebensqualität und ansteigender Lebenserwartung einher; körperlich anstrengende Tätigkeiten oder ermüdende Akkordarbeiten werden mehr und mehr von industriellen Robotern verrichtet. Schöpferisch tätig sind lediglich die IT-Konstrukteure bei der Entwicklung der notwendigen Prozessoren und die Programmierer bei der Ausformulierung der Software.

Weitere Beispiele für elektronische Hilfsmittel sind Muster- und Schrifterkennungsprogramme für Abbildungen und Texte: Korrespondenz und Übersetzungen mittels computerbasierter Texterkennung und -generierung wie auch Übersetzungen durch künstliche Sprachanalyse und -synthese in Echtzeit haben gänzlich neue Kommunikationsformen entstehen lassen.

Weitere Möglichkeiten bietet eine Gesichtserkennungssoftware (z. B. Face-ID) zur Authentifizierung von Personen bei Zugang zu geschützten Einrichtungen bzw. Zugriff auf personalisierte Computer: Integrierte Infrarotkameras erfassen blitzschnell biometrische Merkmale der jeweiligen Benutzer/-innen und gleichen sie mit den zuvor registrierten Daten ab (s. auch Kap. 5).

In Konkurrenz zu gedruckten Büchern wurden sog. E-Books geschaffen, deren auf Datenträgern (z. B. CDs bzw. DVDs, USB-Sticks) fixierte, virtuelle Texte ebenso wie Sprachnachrichten auf dem Display des Anzeigegeräts gelesen werden können.

Überhaupt wurde der Bildschirm (Screen, Monitor, Display), ein Gerät, das elektronische Signale decodieren und mittels Millionen Bildpunkten (Pixeln) visualisieren kann, zum Wahrzeichen der digitalen Kommunikation. Monitore bzw. Displays sind inzwischen in nahezu allen Lebensbereichen zu finden. Sie haben die traditionelle, schriftliche Korrespondenz weitgehend ersetzt.

Der dadurch bedingten Papier- und Transportreduzierung steht allerdings ein gestiegener Stromverbrauch gegenüber. Außerdem gibt es gesundheitliche Probleme aufgrund einer Überbeanspruchung der Körperhaltung (muskuläre Verspannungen, Kopfschmerzen) und des Sehapparates (evtl. Kurzsichtigkeit) bei stundenlanger Nutzung (s. auch Kap. 3 und 8).

Eine folgenreiche Neuerung bedeutete die Nachrichtenübertragung mittels geostationärer Rundfunk- bzw.

Fernsehsatelliten seit Anfang der 1960er Jahre. Die Vermittlung von Informationen und Wissen via Hörfunk, Fernsehen und Internet liefert unschätzbare Beiträge zu einer Allgemeinbildung, die mündige Bürgerinnen und Bürger zur Etablierung, Akzeptanz und Stabilisierung einer aufgeklärten, demokratischen Zivilgesellschaft benötigen (siehe Kap. 5).

Mit der Errichtung von standardisierten, volldigitalen Mobilfunknetzen (Global System for Mobile Communications – GSM), die gegen Ende der 1980er Jahre parallel zu den herkömmlichen Festnetzen (aus Kupferkabel- bzw. Glasfaserverbindungen) in Betrieb genommen wurden, trat nach und nach die drahtlose Telekommunikation ihren Siegeszug an; weltweit sind schätzungsweise weit über 7 Mrd. Mehrzweckmobiltelefone in Gebrauch. Der durch deren Herstellung bedingte Verbrauch an Rohstoffen bzw. Edelmetallen, die hauptsächlich aus den Entwicklungsländern stammen, belastet indes zunehmend die Umwelt.

Diese handtellergroßen Taschencomputer (Smartphones, Handys) dienen nicht nur der (Bild-)Telefonie und kurzen Textübermittlung (Short Message Service – SMS), sondern verfügen inzwischen über eine oder mehrere Digitalkameras zur Aufnahme unbewegter und bewegter Bilder. Mittels einer speziellen Anwendungssoftware können zusätzlich Computerprogramme (sog. Applikationen – Apps) installiert werden, die als mobile Daten in Verbindung mit dem Internet alle möglichen Funktionen beinhalten, z. B. sog. Mikroblogs als Kurznachrichten über WhatsApp oder Twitter, außerdem Ausstattungen (Tools) in Form von Navigationen, Formular- und Bildbearbeitungen, Spielen, Sprachkonvertern und -übersetzungen, Diktierfunktionen, Gesundheits- und Fitnessratschlägen, Buchungen,

Zahlungsverkehr bzw. Onlinebanking usw. – siehe folgendes Kap. 3.

Die Erfindung der Elektronenmikroskopie vor fast 100 Jahren erlaubte erstmals Einblicke in nanometrische Strukturen bis hinunter auf atomare Größenordnungen. Mit ihrer Hilfe wurden u. a. beeindruckende Erkenntnisse auf biomolekularem Gebiet erzielt, die zudem auf einfache Art und Weise weltweit telemetrisch ausgetauscht werden können. Überhaupt sind im biometrisch-medizinischen Bereich inzwischen elektronische Übermittlungen von Labor- und bildgebenden Untersuchungsergebnissen in Echtzeit üblich, sogar als eingespielte Informationen über Datenbrillen (siehe oben). Der Einsatz telechirurgischer Eingriffe mittels roboterassistierter Instrumente (z. B. „Da-Vinci-Operationssystem") ist ebenfalls längst gang und gäbe.

Die Telemedizin übernahm außerdem via Internet eine Schrittmacher- und Lotsenfunktion im Gesundheitswesen in Form von speziellen Portalen, Fernbehandlungen (Online-Therapien) bzw. Fernberatungen und Überwachungen (Home Monitoring). Als prophylaktische Hilfsmittel beliebt wurden sog. Gesundheitsarmbänder (Wearables, Activity Tracker, Fitness Tracker), d. h. am Körper tragbare Biosensoren, die fitness- und gesundheitsrelevante Daten (z. B. Puls, Atmung, Herztätigkeit, Schlafqualität, Laufstrecken, Energieumsatz, Blutzuckerspiegel) registrieren, ggfs. auf ein Smartphone übertragen und abspeichern.

Ziel ist letztendlich als flächendeckende, gesundheitspolitische Maßnahme (Digital Health) eine Konzentration aller gesundheitsrelevanten Befunde in einer elektronischen Patientenakte (ePA), in der sämtliche medizinischen Daten auf einer persönlichen Checkkarte (Gesundheitskarte) fixiert werden. Sie soll zeitraubende

Anamneseerhebungen während der Sprechstunde ersetzen und Verlaufsbeobachtungen erleichtern.

Seit Simulierung des ersten computerbasierten, gesprächstherapeutisch orientierten Scheindialogs mit einer virtuellen Psychotherapeutin vor 50 Jahren, vermittelt durch das textbasierte Programm ELIZA, sind automatisierte Scheinkonversationen mit Chatrobotern (Bots) möglich. Benutzer können Fragen in Form von Text- und/oder Audioeingaben stellen, die von künstlicher Intelligenz in quasi natürlicher Sprache beantwortet werden. Im Gegensatz zur (Video-)Telefonie oder E-Post funktionieren sie nicht wirklich interaktionell zwischen realen Personen; eine Unterscheidung ist allerdings bisweilen auf den ersten Blick schwierig. Selbst elektronische Blockierungen durch Captchas (Completely automated public Turing test to tell computers and humans apart) garantieren keinen sicheren Schutz vor Täuschungen.

Auf der Grundlage einer ausgefeilten Software und ausreichenden Speicher-/Rechnerleistung kann durch eine algorithmisierte Abfrage von Anamnese und Beschwerden eine operationalisierte Diagnose erstellt werden. Gemütsbewegungen bzw. emotionale Regungen der Ratsuchenden können ggfs. währenddessen mithilfe eines Programms zur videografischen Erfassung, Bewertung und diagnostischen Interpretation der Mimik einbezogen werden. Am Ende der virtuellen Sitzung erscheinen sodann aus einem Pool standardisierter Daten entsprechende Therapievorschläge auf dem Monitor (s. auch Kap. 4 und 5).

Mittels digitaler Assistenz durch Spracherkennung und maschinelle Sprachsynthese sowie visueller Unterstützung ist inzwischen auch die Imitation eines (Schein-)Gesprächs mit Kunstfiguren (Avataren) möglich. Der Ersatz real existierender Therapeutinnen und Therapeuten durch solcherart Grafikfiguren mit menschlichem Aussehen samt computergesteuerten Dialogen im Hinblick auf therapeutische Versorgungsdefizite ist naheliegend.

In der psychotherapeutischen Profession haben sich inzwischen virtuelle Behandlungen in Form von Chats (elektronische Echtzeitkommunikation) bzw. Videotelefonaten etabliert. Vom Bundesinstitut für Arzneimittel und Medizinprodukte (BfArM) zertifizierte Internet-Therapien gegen Depressionen, Burnout, Angst- und Zwangsstörungen werden kommerziell angeboten und seit Einführung des Digitale-Versorgung-Gesetzes (DVG) 2019 von den Krankenkassen bezahlt; eine Erweiterung auf andere, z. B. logopädische und ergotherapeutische Behandlungen ist im Rahmen sog. digitaler Gesundheitsanwendungen (DiGA) zu erwarten.

Auch hier bzw. zu Ausbildungszwecken können mithilfe von Virtual-Reality-Brillen dreidimensional Anleitungen vermittelt und Übungen trainiert werden (s. auch Kap. 3).

Coaching sowie gesundheitsfördernde und präventive Trainings per Video werden als Online-Chats auch in Gruppenform offeriert; hier kommunizieren mehrere Teilnehmer unter Anleitung einer moderierenden Person. Die Barriere ist meist niedriger, da man sich auf eine passive, beobachtende Position beschränken kann.

Ungeplant angetrieben durch die Covid-19-Pandemie hat sich in Ämtern und Büros, in pädagogischen Bereichen oder in den Vorlesungen und Seminaren von Ausbildungsstätten der Unterricht via Internet inzwischen etabliert (z. B. als Zoom-Meeting).

Etwa die Hälfte der deutschen Beschäftigten arbeitet heute am Computer, davon viele gezwungenermaßen im häuslichen Bereich. Die bereits erwähnte Verlagerung des Arbeitsplatzes nach Hause (Home-Office) bietet indes nicht nur Vorteile, sondern auch physische und mentale Unannehmlichkeiten, sogar Belastungen bis hin zum gesundheitsschädigenden (Dis-)Stress.

Abgesehen von schmerzhaften Muskelverspannungen aufgrund der stundenlangen, körperlichen Zwangshaltung vor dem PC sind Bewegungsmangel und damit verbundenes Übergewicht Risikofaktoren für Diabetes, Bluthochdruck und Herzerkrankungen. Wenn man sich zudem vor Augen führt, dass unser Gehirn evolutiv nicht dahingehend eingerichtet ist, virtuelle Informationen in hektisch wechselnder Abfolge, teils mit animierten Comicfiguren, geordnet zu sammeln und sinnvoll zu verarbeiten, sind die psychischen Anzeichen einer permanenten Reizüberflutung nachvollziehbar. Die Stresshormone Adrenalin/Noradrenalin bzw. Kortisol werden durch permanente Erreichbarkeit, Hochaufmerksamkeit und Perfektionismus überstimuliert, wobei wechselnde Anwendungsprogramme und Präsentationstempo der virtuellen IT-Produkte den Takt vorgeben (s. auch Kap. 3). Die sich einstellenden Gefühle von Gereiztheit, Überforderung, Abgespanntheit und Nervosität können Vorboten eines Burnouts bzw. einer Erschöpfungsdepression sein, die eine Krankschreibung erfordern oder gar eine Auszeit erzwingen.

Nicht zuletzt wird die Zunahme von psychosomatischen Irritationen, Schlafproblemen, Konzentrations- und Lernstörungen mit gesteigerter Unruhe und Sprunghaftigkeit auf eine massive, selektive Reizüberflutung zurückgeführt, die – wie gesagt – wiederum mit einer Überforderung der visuellen Wahrnehmungskapazitäten einhergeht. Demgegenüber werden die übrigen Sinnestätigkeiten vernachlässigt und bleiben unterfordert (siehe Kap. 5). Nicht endgültig geklärt sind evtl. gesundheitsschädigende Einflüsse der allgegenwärtigen, elektromagnetischen Strahlungen (Elektrosmog).

Überhaupt sind die Langzeiteinflüsse einer rundum digitalisierten Lebenswelt bislang kaum erforscht; dass sie irreversible Veränderungen im menschlichen Erleben und Verhalten nach sich ziehen können, ist naheliegend.

Zu den bereits festgestellten Auswirkungen gehört einigen Studien zufolge eine zunehmende Kurzsichtigkeit (Myopie). In asiatischen Großstädten wurde unter jungen Erwachsenen eine Häufung dieser Sehbeeinträchtigungen gefunden; auch in Europa und den Vereinigten Staaten soll jeder zweite Heranwachsende betroffen sein.

Kurzsichtigkeit kann sich entwickeln, wenn das Auge zu selten dem Tageslicht ausgesetzt ist und zu oft auf Nahsicht fokussiert wird. Besonders gefährdet sind daher Personen, die täglich Stunden vor einem Bildschirm verbringen, womöglich getrieben von der Befürchtung, etwas Wichtiges zu versäumen.

Gleichzeitig sind sie die Zielgruppe, deren Daten gern an Werbekunden verkauft werden. Mit der Nutzung von Angeboten der Plattformbetreiber wie z. B. Facebook (Meta) werden sie nämlich direkt deren Marketingaktivitäten ausgesetzt; sie geben dadurch allerdings nicht nur den Gebrauch ihrer persönlichen Daten preis, sondern riskieren auch intellektuelles Eigentum.

Da IT-basierte Navigationsinstrumente („Navi") an die Stelle erlernter Fähigkeiten zur örtlichen Orientierung treten, werden diesbezügliche vertiefte Lern- und Gedächtnisleistungen entbehrlich. Darüber hinaus kann der vermehrte Wechsel zwischen realer und virtueller Welt die Fähigkeiten zur persönlichen Zeitwahrnehmung und zeitlichen Erinnerung – überhaupt zu einem kongruenten Selbsterleben – beeinträchtigen.

Jederzeit verfügbare Internetabfragen werden als Gedächtnisersatz benutzt und mindern das Interesse am Erwerb eigener Wissensvorräte; die Rede ist gar von einer „digitalen Demenz", die schließlich auch das Vermögen verringert, komplexe Zusammenhänge logisch zu erfassen, sinnvoll zu sortieren und angemessen zu bewerten. Von heilpädagogischer, kinderpsychiatrischer und -psychologischer Seite werden Unkonzentriertheit, Impulsivität, Lernschwäche und hohe Ablenkbarkeit, Schlafstörungen, innere Unruhe und Hyperaktivität hin zum Vollbild einer ADHS-Erkrankung mit ausufernder Internetnutzung in Verbindung gebracht.

Auf weitere, bedenkliche Begleiterscheinungen exzessiver Beschäftigung mit dem Internet, insbesondere bei Kindern und Jugendlichen, deren Eltern meist ebenfalls digitale Medien suchtartig benutzen, wurde bereits hingewiesen. Die Omnipotenz der Bildschirme unterläuft den zum Aufbau stabiler Beziehungen wichtigen Erfahrungsprozess der Selbstfindung, Bindungsfähigkeit, sozialen Kompetenz und Konfliktlösung aus realen Situationen, der eine Auseinandersetzung mit der Wirklichkeit trainiert.

Die virtuellen Scheinwelten können regelrechte Selbstwertkrisen auslösen, z. B. bei jungen Mädchen frustrierende Konfrontationen mit „Models" oder ähnlichen, schlanken „Schönheitsidealen" auf dem Bildschirm, die es lediglich als bildbearbeitete Phantome gibt.

Die Bilderwelten und Geräuschkulissen der Social Media üben einen erheblichen Sog aus, dem sich zu entziehen Disziplin erfordert: Internetsurfen und Computerspielen können sogar die Dimension einer psychischen Abhängigkeit (Onlinesucht, Cybersucht) annehmen, wozu auch der intensive Gebrauch gewalthaltiger „Killerspiele" und der pathologische Pornografiekonsum gehören.

Laut Krankheitskatalog der WHO (International Classification of Diseases – ICD) ist das hauptsächliche Merkmal der neu aufgenommenen psychischen Störung („Internet Gaming Disorder") ein Kontrollverlust bzgl. Dauer und Zeitpunkt der Internetnutzung. Die Kennzeichen des süchtigen Verhaltens gleichen denen einer

Alkohol- oder Drogensucht: Vernachlässigung von beruflichen Aufgaben und sozialen Kontakten, Leistungsabfall und Vereinsamung sowie Gereiztheit und Depressivität bei Entzug.

Im Gehirn werden bei beiden Arten der Abhängigkeit die gleichen Botenstoffe („Glückshormone" Adrenalin, Dopamin und Serotonin, Oxytocin) aktiviert, die ein gesteigertes Wohlgefühl vermitteln, das zwanghaft nach einer Wiederholung verlangt.

Die eifrige Beschäftigung mit den Fleet- und Twittertelegrammen der Social Media oder den Scheinwelten auf dem Bildschirm vermittelt auf den ersten Blick den Eindruck von Kontaktfreudigkeit und sozialen Aktivitäten. Die Wirklichkeit sieht oft anders aus: Was sich berufsbedingt oder in der Schule als große Hilfe erwiesen hat, kann in den eigenen vier Wänden den Teufelskreis einer Abkapselung und Vereinsamung bis zum Autismus befördern – nicht nur bei nerdhaften Computerfreaks. Der Rückzug ins Private geht zudem mit einem Mangel an Nachwuchs in Jugendgruppen, Sportvereinen, Kirchengemeinden, Clubs, Chören und anderen Mitgliedschaften einher. Teilnahmen an geselligen Treffs und politischen Diskussionsrunden finden immer weniger live statt, sondern sind – nicht erst bedingt durch die Corona-Pandemie – allenfalls noch im Fernsehen oder per Zoom zu verfolgen. Ein Zusammenhang mit dem individualisierten Lebensstil der sog. Generation Y liegt nahe.

Unter längerer Abkapselung werden die Grundbedürfnisse nach echter Kommunikation nicht befriedigt und können nicht auf natürliche Weise erprobt werden. Die Erfahrungen leibhaftiger Nähe aus den Begegnungen mit anderen Personen bleiben fragmentarisch und fördern dadurch unwissentlich nicht nur Introversion und Distanziertheit, sondern begünstigen womöglich auch Fehleinschätzungen und Vorurteile (s. auch Kap. 8).

Paradoxerweise werden kompensatorisch „soziale Roboter" angeboten, z. B. kleinere elektromechanische Spielzeuge mit einem gewissen Repertoire an Motorik, Reagibilität und Sprechvermögen, oft in Gestalt eines „Kuscheltieres".

Auf die kollektiven, gesellschaftlichen und kulturellen Verwerfungen infolge einer intensivierten Digitalisierung wird im folgenden Kap. 3 näher eingegangen.

Literatur

Beck, K. Kommunikationswissenschaft. 6. Aufl. utb-UKV/ München 2020

Decker, R. u. Meyer, E.: Digitalisierung und Künstliche Intelligenz. Springer/Wiesbaden 2020

Eberl, U.: Künstliche Intelligenz. Piper/München 2020

Hahn, H.-W.: Die industrielle Revolution in Deutschland. 3. Aufl. de Gruyter- Oldenbourg/Berlin 2011

Katzer, C.: Cyberpsychologie. dtv/München 2016

Locke, J.: An Essay concerning Humane Understanding. Basset u. Mory/London 1690

Mertens, P. u. Mitarb. Digitalisierung und Industrie 4.0 – eine Relativierung. Springer/Wiesbaden 2017

Siciliano, B. u. Khatib, O.: Springer Handbook of Robotics. Springer/Berlin 2008

Ziegler, D.: Die industrielle Revolution. 3. Aufl. Wiss. Buchgesellschaft/Darmstadt 2013.

4

Im Netz

Zusammenfassung Die Anfänge der heutigen informationstechnologischen Versorgung liegen in der Entdeckung der elektromagnetischen Wellen und deren Steuerung im 19. Jahrhundert. Hand in Hand mit der Schaffung miniaturisierter elektronischer Hochleistungsgeräte wurde die drahtlose Übertragung von Daten in allen Facetten zum beherrschenden Medium. Insbesondere das Internet hat sich quasi grenzenlos etabliert, wobei dessen für die menschliche Gesellschaft negative Begleiterscheinungen interessengeleitet oft ausgeblendet werden.

Rückblickend lässt sich festhalten, dass die massiven Folgeerscheinungen der industriellen Mechanisierung innerhalb nur weniger Generationen von einer mindestens ebenso einschneidenden Phase der Informationstechnologie (IT) abgelöst wurden. Die Auswirkungen der daraus resultierenden, elektronischen Datenverarbeitung und

-übermittlung (EDV) sind allgegenwärtig spürbar und bestimmen mittlerweile Arbeitswelt und Gesellschaft. Sie haben enorme Innovationen in Handel, Verkehr, Wirtschaft und Wissenschaft in Gang gesetzt. Auf die digitalen, alltagspraktischen Helfer und Assistenten für jedermann in Büro, Haushalt und Freizeit wurde bereits vorlaufend hingewiesen. Eine aktuelle Bestandsaufnahme ergibt zusammengefasst folgendes Bild:

Außer dem Mobilfunk wurde das Internet (Internetwork) zur beherrschenden Kommunikationsform, ein weltweiter Verbund von Rechnernetzwerken, der eine anscheinend unerschöpfliche Informationsübermittlung ermöglicht. Man kann davon ausgehen, dass sich die inzwischen Milliarden Nutzer irreversibel in einem Datennetz verfangen haben, aus dem sie sich nicht mehr befreien wollen und/oder können – trotz aller Ärgernisse über lästige Werbekampagnen, ideologisch aufgeladene Botschaften, mehr oder weniger kaschierte Desinformationen bis hin zu plumpen Lügen oder Verunglimpfungen.

Das Internet wächst pro Sekunde um die Datenmenge von etwa sieben Terabyte (ein Terabyte entspricht ca. 50 Mio. beschriebener, herkömmlicher Schreibmaschinenseiten – ein Papierstapel von 25 km Höhe!). Interessant erscheint in diesem Zusammenhang der kontinuierlich anwachsende Stromverbrauch durch die Informations- und Kommunikationstechnologie, der inzwischen mit ca. 1000 Terawattstunden (= 1000 Billionen Watt) auf ein Sechstel des weltweiten Energiebedarfs geschätzt wird. Als besonders große Stromfresser erweisen sich die Rechenzentren samt deren Klimatisierungsanlagen.

Das alles und jeden unmerklich begleitende Gespinst an elektromagnetischen Wellen wird erst nach Transformation durch Computer in Bildpunkte und Laute vom Menschen wahrgenommen und identifiziert werden.

Ursprünglich während der 1970er Jahre in den USA zur militärischen Nutzung entwickelt (Arpanet), wurde das Internet 1989/90 für die kommerzielle Nutzung freigegeben und repräsentiert als „World Wide Web" (WWW) übergreifend die Akkumulation und Vernetzung aller Webseiten, die über Internetknoten miteinander verknüpft sind.

Das Internet hat nicht nur zu einer Kulturrevolution mit tiefgreifenden Umstrukturierungen in der Wirtschaft, Bildung, Wissenschaft und Kunst geführt, sondern auch zu einem grundlegenden Wandel des Kommunikations- und Interaktionsverhaltens überhaupt.

Innerhalb einer Generation erfolgte die Gewöhnung und Anpassung an die Gepflogenheiten des elektronischen Datenaustausches indes bemerkenswert rasch. Jüngere Menschen scheinen sich schneller als ältere in dem virtuellen Labyrinth zurechtzufinden. Bereits Schulkinder sind mit PC, Smartphone und Tablet bestens vertraut; bei den 14- bis 24-Jährigen herrscht Vollversorgung. In der Altersgruppe 25–49 Jahre können laut Umfragen 80–90 % nicht auf das Internet verzichten, bei Personen im 5. Lebensjahrzehnt sind immerhin noch rund 70 % regelmäßig online.

Demgegenüber sind ältere Menschen den Bedienungsanforderungen der digitalen Netze oft hilflos ausgesetzt, insbesondere den Updates und Downloadings wie auch dem permanenten Bereithalten von sich ändernden Kenn- und Passwörtern – hier scheint sich eine demografische Spaltung der Gesellschaft abzuzeichnen (s. auch Kap. 3).

In der Bilderübertragung drohen Onlinevideos wie YouTube und sog. Streamingdienste wie z. B. Netflix, Amazon oder Disney+ u. ä. das traditionelle Fernsehen zu verdrängen, vor allem in einkommensschwächeren Familien.

Infolge der coronapandemisch erzwungenen, sozialen Einschränkungen wurden Home-Office, Zoom-Meetings, Online-Unterricht und andere Onlinedienste willkommene Hilfsmittel zur Aufrechterhaltung beruflicher und gesellschaftlicher Verpflichtungen. Die massiven Behinderungen im Schulunterricht seit 2020 infolge der Covid-Verordnungen ließen sich so trotz logistischer Durststrecken ohne größere Probleme kompensieren (Homeschooling). Auch die Umstellungen von Präsenzvorlesungen und Examensprüfungen an den Universitäten konnten einigermaßen bewältigt werden.

Die hauptsächlichen Kanäle des gegenwärtigen, digitalisierten Informationsaustausches lassen sich schwerpunktartig folgendermaßen darstellen:

Bei einer Online-Kommunikation wird in der Regel eine Verbindung mit dem Internet über das telefonische Festnetz hergestellt, ggfs. mithilfe eines drahtlosen, lokalen Netzwerks (WLAN: Wireless Local Area Network) mit kurzer Reichweite. Mobile Daten können jedoch auch über ein Mobiltelefon übertragen werden (mobiles Internet).

Einzelne Webseiten (Homepages) können über sog. Internetportale durch spezielle Computerprogramme (Browser) aufgerufen werden, die sich nach Eingabe der individuellen Webadresse öffnen; meistens handelt es sich um Selbstdarstellungen oder profitorientierte bzw. Werbeauftritte von rührigen Anbietern (Influencer/-innen) mit dem Ziel, möglichst viele potentielle Nutzer/-innen bzw. Kund/-innen (Follower) anzusprechen, deren Anzahl sodann als Attraktivitätspegel der Protagonist/-innen bewertet wird.

Das menschliche Leben kann von Geburt an bis zu virtuellen Bestattungs- und Gedenkzeremonien digital begleitet werden.

4 Im Netz

Onlinelexika hingegen sind abfragbare Datenbanken mit aufgelisteten Stichwörtern. Am bekanntesten ist die frei zugängliche, gemeinschaftliche Internet-Enzyklopädie „Wikipedia", eine 2001 gegründete Sammlung von Abermillionen Artikeln und Erläuterungen in annähernd 300 Sprachen; allein die deutschsprachige Ausgabe umfasst weit über zwei Millionen Einträge.

Generell können im Internet mithilfe von Suchmaschinen Recherchen zu allen Dokumenten und Grafiken gestartet werden. Diese Metamedien erlauben ein Wiederauffinden und Zusammenführen gespeicherter Informationen aus den gewaltigen Datensätzen des Computernetzwerks, dessen Umfang sich jedem Vorstellungsvermögen entzieht. Sie liefern blitzschnell eine Liste von Verweisen auf möglicherweise relevante Informationen, meistens dargestellt mit Titel und kurzem Auszug. Das Durchmustern des Internets nach bestimmten Themen heißt Internetsurfen.

Die Internet-Suchmaschine des US-amerikanischen Unternehmens Google wurde 1998 installiert (der Name geht zurück auf das Kunstwort „Googol" als willkürliche Bezeichnung einer Eins mit hundert Nullen). Google, Marktführer unter den Suchmaschinen und meistbesuchte Website der Welt, bearbeitet jährlich mehr als zwei Billionen Suchanfragen.

Einen weiteren Internetdienst stellt die elektronische Post (Electronic Mail) in Form einer Übertragung und computerbasierten Verwaltung von briefähnlichen Textnachrichten (E-Mails) und/oder anderen, digitalen Dokumenten dar. Notwendig ist der Erwerb einer Zugangsberechtigung (sog. Benutzerkonto bzw. Account), mittels der man sich am PC beim Einloggen unter Angabe des Benutzernamens und eines Kennworts authentifizieren muss.

Bis zur Einführung eines Mail-Programms 1971/72 in dem oben genannten Internetvorläufer Arpanet wurden Nachrichten als Brief oder Telegramm, später elektronisch per Fernschreiben (Telex, Telefax) übermittelt.

Die schrittweise Weiterentwicklung und weltweite Akzeptanz des E-Mail-Systems hat die Zahl der Sendungen auf ca. 300 Mrd. täglich (!) bei voraussichtlich weiterem Zuwachs ansteigen lassen.

Die Gesamtheit der Kurznachrichten, Webseiten und Apps, über die Nutzerinnen und Nutzer (User) sich selbst darstellen, miteinander kommunizieren können, wird Social Media genannt – eine Übersetzung als „soziale Medien" wäre inhaltlich missverständlich! Marktführer sind quasi monopolistische Plattformen wie Facebook (ca. 2,9 Mrd. Nutzer), YouTube (ca. 2,3 Mrd. Nutzer), WhatsApp (ca. 2 Mrd. Nutzer), Instagram (ca. 1,4 Mrd. Nutzer) und Telegram (ca. 1 Mrd. Nutzer), die mit jeweils unterschiedlichen Profilen bestimmte Konsumentenkreise zu bedienen suchen.

Sog. Messengerdienste beruhen auf einer Software für prompte, unmittelbare Nachrichtenübermittlungen. Hauptmerkmal ist die Kommunikation in Form eines anonymen, zeitlich und örtlich unbegrenzten Austausches mit anderen Personen. Der Zwang zur virtuellen Selbstoptimierung fördert – auch unter Preisgabe personenbezogener Daten – Einblicke in die Privatsphäre. Sich als Blogger (aktiver Teilnehmer) in der Online-Community zu betätigen, offenbart ein gewisses Maß an weltoffener Geisteshaltung und Mitteilsamkeit; Facebook (Meta Platforms) bzw. WhatsApp oder Instagram nicht zu verwenden, signalisiert hingegen eher Rückständigkeit. Zu einem mit monatlich über 350 Mio. Followern weit verbreiteten Interaktionsmodus mit tagebuchartigen, privaten Anekdoten bzw. persönlichen Meinungen (Mikroblogs bzw. Tweets) entwickelte sich seit deren Gründung 2006/2007 die Kurznachrichtenplattform Twitter.

Internetforen (Webforen, Bulletin Boards) sind Online-Diskussionsseiten, auf denen sich Personen in Form von geposteten Meinungen oder Nachrichten (anonym) zu Wort melden. Die Kommunikation ist im Gegensatz zum (kürzeren) Chat asynchron, d. h., der Beitrag wird zeitversetzt beantwortet.

Die sozialen Auswirkungen der globalen Kommunikation in digitalen Datennetzen – bisweilen auch mit Begriffen wie „Cybergesellschaft" konnotiert – sind zwar überall spürbar, ziemlich populär, oftmals nützlich, aber nicht immer willkommen, häufig sogar destruktiv (s. auch Kap. 8). Schon Friedrich Nietzsche verwies – wie eingangs zitiert – auf die Schattenseiten des Fortschritts, dem bisweilen mehr geopfert werden müsse, als im Endeffekt wirklich von Nutzen sei.

Alles in allem werden die – teils disruptiven – informationstechnologischen Innovationen mit einer anwachsenden Beeinflussung und Bevormundung der Menschheit vom Wildwuchs einer ungezügelten Cyberkultur begleitet, propagiert und bedient durch einige wenige Informationsgroßmächte.

Ein prägnantes Beispiel ist die tiefgreifende Umgestaltung des klassischen Journalismus als Forum öffentlicher Berichterstattung und unabhängiger Meinungsbildung, das in pluralistisch-demokratischen Systemen eine erstrangige, gesellschaftspolitische Kontrollfunktion ausübt. An die Stelle der herkömmlich in den Printmedien, im Hörfunk und Fernsehen präsentierten Meldungen, Nachrichten und Kommentare ist eine Fülle internetbasierter Äußerungen (Blogs) getreten, die tagtäglich über die Portale und Plattformen der Social Media verbreitet wird.

Die gelegentlich in Social Media als Entlarvung von Produkten gleichgeschalteter und korrumpierter

Publikationsorgane („Lügenpresse") deklarierten Behauptungen entziehen sich in Wirklichkeit einer Überprüfung auf Seriosität und Wahrheitsgehalt durch den normalen Zuschauer/Zuhörer. Selektive, unbewiesene oder sogar völlig aus der Luft gegriffene Behauptungen bis hin zu plumpen Fälschungen (Fake News) – bisweilen abenteuerliche Verschwörungstheorien und Legendenbildungen – sind häufig das Geschäftsmodell parteipolitischer Manipulatoren.

Noch nie waren die technologischen Verbreitungsmöglichkeiten von massenhaften Desinformationen so einfach wie heute. Populisten bedienen sich daher gern des intellektuell eher unterkomplexen Internets, um eine Gefolgschaft Gleichgesinnter zu gewinnen, insbesondere in der sog. Querdenkerszene. So bilden sich fanatisierte Bloggergruppen, die sich in der Echokammer (Filterblase) eines Selbstbestätigungsmilieus digitaler Paralleluniversen gegenseitig unterstützen, empören und gelegentlich zu öffentlichen Protesten anfeuern. Die Anonymität begünstigt Provokationen und Hassreden bis hin zu Verleumdungen (Hatespeech), die gegen Einzelpersonen bis hin zum vermeintlichen „Establishment" verbreitet (getwittert bzw. gepostet) werden; selbst Aufforderungen zu gewalttätigen Aktivitäten aus rassistischen oder politischen Gründen sind gang und gäbe.

Für normale Benutzer/-innen ist dabei bisweilen kaum erkennbar, ob ein Beitrag in Social Media von einer natürlichen Person stammt oder als computergenerierte Produktion von künstlicher Intelligenz stammt und automatisch unzählige Male vervielfältigt wird („Social Bot").

Propagandistische Desinformationen aus machtpolitischen Erwägungen, ideologischen Motiven oder lediglich Geltungsbedürftigkeit sind keineswegs neu: Zu allen Zeiten gab es Versuche, die persönlichen Einstellungen anderer Menschen zu beeinflussen und zu manipulieren – über Aufrufe, Predigten und Schriften, die oftmals zu wahnhaften Massenhysterien mit Gewaltausbrüchen führten (z. B. Kreuzzüge, Judenpogrome, Hexenverfolgungen, Hetzjagden, Dschihad). Die menschliche Natur kann in einer entsprechend stimmungskongruent aufgeheizten Menge Abgründe an purem Hass mit blinder Zerstörungswut offenbaren, normalerweise verdeckt vom Firnis der Zivilisation.

Werbepsychologisch geschickt wird dabei gezielt das Wissen um die besonders nachhaltige Wirksamkeit emotional positiv aufgeladener, sowohl einfach plakativer als auch penetrant wiederholter Behauptungen eingesetzt. Mangels Selbstkritik und Disziplin werden aber auch völlig abwegige, irrationale Denkweisen und unkontrollierte Verhaltensmuster über typisch massenpsychologische Induktionen übernommen und wirksam – bekräftigt sowohl durch charismatische Suggestibilität als auch durch implizite Androhungen.

Die quasi uferlosen, globalisierten Verbreitungsmöglichkeiten solcher destruktiven Botschaften und Indoktrinationen haben dank informationstechnologischer Kreativität – beginnend mit dem Hörfunk in den 1920er Jahren (und z. B. während der Nazidiktatur mithilfe preiswerter „Volksempfänger" propagandistisch flächendeckend missbraucht) – inzwischen eine weitere, nahezu monströse Dimension erreicht.

In Deutschland können sich Betroffene seit Einführung des Netzwerkdurchsetzungsgesetzes (NetzDG) im Jahr 2017 gegen Beleidigungen in den Social Media wie Facebook (Meta), Google, Twitter oder YouTube zur Wehr setzen; das Gesetz sieht Löschfristen und Bußgelder bei Cyberkriminalität, Kinderpornografie, Volksverhetzung, Folter, Hassnachrichten und Cybermobbing, Terrorismus u. Ä. vor. Sog. Content-Moderatoren sollen derartige Auswüchse der Cyber(un)kultur verhindern – angesichts der immensen Verbreitungsmöglichkeiten eine von Staats wegen kaum kontrollierbare Sisyphusaufgabe. Alternativ sollen Techniken der automatisierten Bild-, Sprach- und Texterkennung (Upload-Filter) zur Vermeidung rechtswidriger Inhalte weiterhelfen.

Nutzung bzw. Missbrauch der aus Internet- und Handykommunikation abgegriffenen Riesenmenge an Informationen (Big Data) entziehen sich, wie gesagt, weitgehend einer effektiven Überprüfung. Die undurchsichtige Verwendung persönlicher Daten, verstärkt durch deren Auslagerung an delokalisierte Massenspeicher in anonymen Rechnernetzwerken (Cloud Computing) unterläuft zudem womöglich das Recht auf informationelle Selbstbestimmung und den Schutz der Privatsphäre.

Die sog. Vorratsdatenspeicherung (VDS) – in Deutschland bisher Gegenstand europarechtlicher Auseinandersetzungen – ist ein kriminalpolitisches Instrument, das die Anbieter/Betreiber öffentlich zugänglicher, elektronischer Kommunikationsdienste verpflichten soll, persönliche Daten zum Zweck der Ermittlung, Feststellung und Verfolgung von Straftaten zur Verfügung zu stellen. Ebenfalls nicht unumstritten ist die angedachte Weitergabe von patientenbezogenen Informationen im Gesundheitswesen ohne vorherige, explizite Aufklärung und Einwilligung der betroffenen Person, da sie mit der Schweigepflicht bzw. dem Zeugnisverweigerungsrecht kollidieren kann.

Als besonders massiver Eingriff in die Persönlichkeitsrechte ist die in totalitären Staaten geschaffene Ausspähung missliebiger, „politisch verdächtiger" Personen mithilfe spezieller Überwachungskameras zu bewerten; bereits die videotelemetrische Observation öffentlicher Plätze und Verkehrsknotenpunkte aus Sicherheitsgründen ist hierzulande nur zulässig, solange sie nicht missbraucht wird.

Die Bedenken entspringen Befürchtungen vor einer lückenlosen, staatlich reglementierten Kontrolle und damit evtl. verbundenen Manipulation menschlichen Verhaltens, wie sie der englische Schriftsteller George Orwell (1903–1950) in seinem Roman „1984" als fiktive Personifizierung einer undurchsichtig-anonymen, autoritären Willkürherrschaft („Big Brother") geschildert hat.

Die Observierung des öffentlichen Lebens durch (sogar in Satelliten) installierte Kameras kann technologisch inzwischen über Mobiltelefone und Personal Computer auch auf die Privatsphäre ausgeweitet werden. Sie soll der Prävention oder Aufklärung von Straftaten dienen, muss jedoch mit den Datenschutzgesetzen und -verordnungen im Einklang stehen (s. oben).

Schließlich können – unbemerkt vom Benutzer – auf einem privaten PC via präparierter Websites oder E-Mails getarnte Schadprogramme in Form von Computerviren oder „Trojanischen Pferden" (Malware) installiert werden, um geschützte Daten in missbräuchlicher Absicht abzugreifen („Phishing").

Größtes Unbehagen bereiten – wie eingangs erwähnt – die Entwicklungen autonomer Waffensysteme in Form von Kampfrobotern, Drohnenschwärmen und sog. Killersatelliten, deren blitzschnelle „Entscheidungen" sich dem menschlichen Erkenntnis- und Beurteilungsvermögen entziehen. Sie sollen mittels künstlicher Intelligenz nicht nur selbstständig (vermeintliche oder tatsächliche?) potentielle Bedrohungslagen identifizieren und bewerten, sondern notfalls auch automatisch mit militärischen Reaktionen auf staatliche Aggressionen antworten. Unbemannte, ferngesteuerte militärische Drohnen und Marschflugkörper sind bereits im Einsatz, ebenso mit Suchköpfen ausgerüstete Abwehrraketen, Kampfpanzer, Flugzeuge und Kriegsschiffe in Erprobung.

Schließlich sei auf die Vulnerabilität der elektronischen Vernetzungen hingewiesen: Im Hinblick auf deren permanente, ubiquitäre Abhängigkeit von Energie würde ein gezielter, längerfristiger und weiträumiger Stromausfall (Blackout) oder anhaltender Internet-Zusammenbruch in den Industrieländern und Dienstleistungsgesellschaften bis in die private Sphäre katastrophale Folgen haben, womöglich bis hin zu einem völligen Zusammenbruch der gewohnten, zivilisatorischen Ordnung (Worst Case).

Auf staatsterroristischer Ebene wären als Methode einer virtuellen Kriegsführung operative Cyberangriffe zur Zerstörung wichtiger, digitaler Versorgungsstrukturen des Gegners möglich. Bei dieserart Cyberattacken würden z. B. die Informationskanäle der Telekommunikation und Verkehrsnetze versiegen, spätestens innerhalb weniger Stunden auch die diversifizierten Intraneteinrichtungen von Wirtschaftsbetrieben, Energieversorgung, Verkehrslenkung und Gesundheitswesen ausfallen – mit chaotischen Folgen für die gesamte, schlagartig hilflos gewordene Bevölkerung.

Bereits eine kriminelle Elite von IT-Spezialisten könnte vom Schreibtisch aus Terror ausüben oder selektiv Erpressungsraubzüge begehen, z. B. in Form eines Hackerangriffs über den verschlüsselten Datenverkehr eines illegalen Darknets.

Neben Wirtschafts- und Arbeitsleben unterliegen auch viele andere Bereiche des privaten, sozialen und öffentlichen Lebens den von der digitalen Revolution direkt oder indirekt verursachten Umstellungen und Folgewirkungen. Dies betrifft Mediennutzung, Publizistik, Bildungswesen und Wissenschaft ebenso wie zwischenmenschliche Interaktionsgepflogenheiten. Herkunftsbezogene bzw. familiäre und berufliche Konventionen, die für das individuelle Umfeld einen verlässlichen, sozialen Orientierungsrahmen bildeten, verlieren im global digitalisierten Cyberraum an Bedeutung, da die verbliebenen, dürftigen analog-sinnlichen Begegnungen kein nachhaltiges, soziales Lernen mit korrigierenden Rückmeldungen mehr ermöglichen. Praxisbezogene, handwerkliche Ausbildungen sind ohne persönliche Präsenz mit direkt korrigierenden Rückmeldungen nicht effektiv (s. folgende Kapitel).

Literatur

Appel, M. (Hrsg.): Die Psychologie des Postfaktischen. Clickbait & Co. Springer/Berlin, Heidelberg 2019
Beckedahl, M., Lüke, F.: Die digitale Gesellschaft. Netzpolitik, Bürgerrechte und die Machtfrage. dtv/München 2012
Bühler, P. u. Mirb.: Internet. Springer-Vieweg/Berlin 2019
Galloway, S.: The Four. Die geheime DNA von Amazon, Apple, Facebook und Google. Plassen/Kulmbach 2018
Kiefer, Ph.: Internet & Web 2.0 von A bis Z einfach erklärt, Data Becker/Düsseldorf 2008
Nassehi, A.: Muster. Theorie der digitalen Gesellschaft. Beck/München 2019
Paniagua, E.: Error 404: Der Ausfall des Internets und seine Folgen für die Welt. Hoffman & Campe/Hamburg 2022
Wilke, J.: Grundzüge der Medien- und Kommunikationsgeschichte. 2. Aufl. UTB/Stuttgart 2008
Ziegler, D.: Die industrielle Revolution. 3. Aufl. Wiss. Buchgesellschaft/Darmstadt 2013.
Zuse, K.: Der Computer – Mein Lebenswerk. 5. Aufl. Springer/Berlin 2010

5

Kommunikationsvielfalt

Zusammenfassung Digitalisierung und Cyberkommunikation haben Auswirkungen auf das fundamentale menschliche Vermögen zur analogen Kommunikation, d. h. sich mit anderen Personen visuell, auditiv oder haptisch austauschen, wobei die Körpersprache ein besonders wichtiges, evolutiv bis in die Tierwelt zurückreichendes Merkmal darstellt. Die Decodierung von Mimik und Gestik als authentische Informationsträger geht meist mit der Vielfalt der gesprochenen Sprache konform. Eine Verständigung mittels einer computerisierten, künstlichen Sprechweise verläuft ohne paralinguistische Begleitung.

Interaktionen zwischen Lebewesen beruhen auf einer Verständigung durch nichtsprachliche (nonverbale, analoge) und/oder sprachliche (verbale, digitale) Kommunikation. Diese Informationsübermittlungen umfassen beim

Menschen sowohl intellektuelle (kognitive) als auch gefühlsmäßige (emotionale) Dimensionen einschließlich hintergründiger Bedürfnisse, Motivationen und Erwartungen.

(Die erstaunliche Spannbreite nonverbaler Wahrnehmungs- und Reaktionsfähigkeit höherer Tiere übertrifft die der Menschen um ein Vielfaches.)

Der Kommunikationsstil hat sich den Entwicklungen moderner Nachrichtentechniken zwar stetig angepasst, jedoch wurden die letzten Jahrzehnte von besonders stürmischen, technologischen Umgestaltungen geprägt. Obgleich den meisten Menschen die direkte, mündliche Kommunikation nach wie vor wichtig ist, verlaufen Übermittlung von Informationen und Austausch von Daten heutzutage weitgehend elektronisch.

Im Zeitalter der computergestützten digitalen Kommunikation haben – wie bereits erwähnt – elektrotechnische auf Kosten der traditionellen Nachrichten- und Unterhaltungsmedien Publizistik, Radiosendungen und Fernsehen enorm an Bedeutung gewonnen. Gleichzeitig hat die sprachliche Kommunikation via Telefon bzw. Mobilfunk über das Internet dazu geführt, dass die üblicherweise begleitenden, semiotischen Bedeutungen einer Mitteilung aus einem Face-to-Face-Kontakt nur noch eingeschränkt bzw. rudimentär erkennbar sind. Im Falle maschineller Übersetzungen mittels Sprachcomputern gehen sie trotz ausgeklügelter Techniken der Signalverarbeitung bei der künstlichen Spracherkennung und Sprachsynthese gänzlich verloren.

Ein solcher computergenerierter „Dialog" nimmt unter diesen Umständen einen unverbindlichen, anonymen Charakter an, da keine echte, physische Beziehungsnähe entsteht, obgleich dank immenser Speicher in kürzester Zeit auf (sogar mehrsprachige) Wortschätze zurückgegriffen werden kann; allenfalls entwickelt sich ein rein sachlicher, kühler Austausch ohne Resonanz oder gar Empathie (siehe auch voriges Kapitel). Erst recht unterbleiben jegliche Wahrnehmung und Einschätzung wechselseitiger, zwischenmenschlicher emotionaler Reaktionen.

Die möglicherweise daraus erwachsenden Defizite an psychosozialer Kompetenz und Expertise sollen durch kommerzielle Coaching- und Trainingskurse mit anschaulicher, leibhaftiger Präsenz kompensiert werden, die zur Entfaltung und Entschlüsselung einer authentischen Körpersprache in Bildungseinrichtungen angeboten werden.

Computerbasierte Sprachdienste werden von Softwareunternehmen wie z. B. Google, Amazon oder Apple vorgehalten (z. B. Alexa, Siri). Sie dienen der Steuerung u. a. von Navigationssystemen oder Haushaltsgeräten via Smartphone; die Einbeziehung mimischer Signale ist in Erprobung.

Unkomplizierte Wissens- und Orientierungsfragen ohne metaphorischen Hintersinn werden in ausreichender Sprachqualität beantwortet (Chatbots: siehe vorige Kapitel).

Diktierte Sätze können von künstlicher Intelligenz – direkt oder zeitversetzt – in Text konvertiert werden (Speech to Text). Umgekehrt wird eine möglichst realistische Imitation der menschlichen Sprache bei maschinellen Übersetzungen oder Umwandlungen von Texten in Sprache angestrebt (Text to Speech). Diese Technologie wird durch segmentierte Rückgriffe auf Datenbanken verwirklicht, die nach dem Prinzip hierarchisch abgestuft arbeitender, künstlicher neuronaler Netze arbeiten (Deep Learning – siehe auch Kap. 5 und 6).

Für die verbale Kommunikation bedeutet eine Digitalisierung mittels computerisierter Schreibprogramme, Spracherkennung und -ausgabe eine Weiterentwicklung der praktischen, aber unpersönlichen Schreibmaschinenschrift, an deren Stelle einfach formatierbare Layouts getreten sind. Grafische Besonderheiten handgeschriebener Texte wie Form, Größe, Neigung und Druckstärke der Buchstaben sowie Schriftbild und Seitengestaltung sind hingegen nicht mehr greifbar – Merkmale, die ebenfalls zu den individuellen Besonderheiten einer Person gehören.

Das hochkomplexe Lautsystem der menschlichen Sprache und des Gesangs umfasst jedoch nicht nur die Aneinanderreihung einzelner Wörter mit jeweils (unterschiedlich) eindeutigem semantischen Gehalt, sondern auch Intonation, Tonfall, Tempo, Lautstärke, Akzent, Betonung, Deutlichkeit und Modulation (Prosodie). Das Sprechen – und noch mehr das Singen – repräsentiert somit auch psychische Vorgänge; Letzteres wird zudem von begleitenden Emotionen bzw. beim Chor implizit von empathischen wie gruppendynamischen Gesetzmäßigkeiten mitbestimmt.

Die in einem persönlichen Gespräch stets aktive Bewertung von Sprechweise und Sprachausdruck des realen Gegenübers, aber auch der mimischen und gestikulatorischen Begleitbewegungen (paralinguistische Äußerungen) kann somit Hinweise auf die geistig-seelische Befindlichkeit, insbesondere auf Wachheit, Motivation, Volition, Antriebsverhalten, Gestimmtheit, Selbstsicherheit, Durchsetzungsvermögen und affektive Schwingungsfähigkeit u. Ä. liefern. Informationsgehalt besitzen ferner besondere Merkmale des Redeflusses durch paraphasische Äußerungen wie Räuspern, Hüsteln, Seufzen, Pusten, Stöhnen, Schreien oder Lachen.

Bei einem Face-to-Face-Austausch werden darüber hinaus unbewusst die atmosphärischen Einflüsse sowohl der nächsten Umgebung als auch einer aktiven Zuwendung durch Zuhören oder Rückfragen wahrgenommen, bei dem weitere, nonverbale Signale der mannigfaltigen Körpersprache als wichtige Informationsträger dienen.

Insbesondere psychische Auffälligkeiten werden intuitiv schon bei der ersten Begegnung über das Äußere der Betroffenen reflexartig registriert, instinktiv mit früheren Erfahrungen über ähnliche Personen abgeglichen und bewertet (Framing). Kommunikationsvermögen, Interaktionsstil, Stimme, Psychomotorik, Haltung, körperliche Verfassung, Frisur, Pflegezustand, Kleidung, Schmuck, Piercings und Tattoos u. Ä. können in der Tat Aufschluss über Besonderheiten oder gar Vorlieben einer Persönlichkeit geben. Darüber hinaus sind – auch nicht bewusst wahrgenommene – Gerüche von Belang.

Es liegt auf der Hand, dass – anders als im unmittelbaren, echten Kontakt – die Kommunikation mit virtuellen Interaktionspartnern via Bildschirm dieserart Wahrnehmungs- und Deutungsmöglichkeiten ausschließt, die vor allem bei heilkundlichen, sozialen und pädagogischen Dienstleistungen unverzichtbar sind.

Wenn Menschen zusammentreffen, wird oft in Bruchteilen von Sekunden ein Eindruck vermittelt, der zwar auf der einen Seite vage durch unbestimmte, pauschale Anmutungsqualitäten (z. B. „sympathisch", „verschlossen", „bedrückt") bestimmt wird, andererseits jedoch häufig als ziemlich zutreffend erlebt werden kann. Am ehesten werden Persönlichkeitsbesonderheiten wahrgenommen, die sich im Verhalten, Benehmen und Sprechen ausdrücken, darüber hinaus jedoch auch Merkmale wie gefühlsmäßige Ansprechbarkeit und mentale Beweglichkeit (z. B. Aufmerksamkeit, Reagibilität, Konzentration, sogar Sympathie, Attraktivität, Charme und Vertrauenswürdigkeit).

Die auf dieser Metaebene mitgeteilten Informationen werden zwischen den kommunizierenden Personen meist nicht mit kontrollierendem Bewusstsein erfasst und interpretiert, sondern in der Regel sprachbegleitend über mehr oder weniger deutliche Eindrücke, Empfindungen und Anmutungen auf einer seit über Jahrtausenden entwickelten, instinktbasierten Gefühlsebene.

Dieses vorbewusste Vermuten erfasst summarisch eher das hermeneutische, ganzheitlich Gestalthafte einer Person als einzelne, operationalisierbare Details. Instinkt, Gespür, Intuition und Fantasie lassen unter dem Einfluss von Gedächtnis und Vorerfahrung mit einer gewissen subjektiven Sicherheit unreflektierte Einschätzungen bis hin zu Vorurteilen entstehen.

Die Begabung zur Decodierung dieser spontanen, paralinguistischen Ausdrucks-Eindrucks-Verschränkungen ist teils über anlagebedingte Reaktionsschemata im Zentralnervensystem einprogrammiert, teils wird sie von Geburt an im Rahmen der prägenden Sozialisation erlernt.

Ebenfalls im Biologischen begründet sind offensichtlich das Angeregtwerden und emotionale Mitschwingen (affektive Resonanz) des Betrachters als Reaktion auf entsprechende Befindens- und Verhaltensweisen seines Gegenübers (Theory of Mind – TOM).

Auf kognitiver Ebene bedeutet dies, sich in die Gedankenwelt eines anderen Menschen hineinzuversetzen, die vielleicht dessen Verhalten begründen könnte, um ihn besser zu verstehen (Mentalisierung).

Das offensichtlich naturgegebene Nachahmungsverhalten (z. B. die Fähigkeit, Gesichtsausdrücke ohne Lernerfahrungen nachzuahmen) bedingt, dass die Imitation wahrgenommener Ausdrucksbewegungen mit eigenen Empfindungen korreliert und den Betrachter animiert, Gemütszustände oder Antriebsimpulse anderer nachzuempfinden (z. B. im Rollenspiel oder bei Theateraufführungen).

Diese „Gefühlsansteckung" ist ab der frühesten Kindheit zu beobachten; bereits Babys reagieren spontan auf mütterliches Lächeln. Sie wird vermutlich durch die zuerst bei Affen entdeckten, sog. Spiegelneurone in verschiedenen Hirnarealen mitreguliert, die in Millisekunden bei wahrgenommenen mimischen, gestikulatorischen und stimmlichen Äußerungen unbewusste, analoge Imitationen (z. B. Gähnen ohne besonderen Anlass) auslösen.

Die spontane Gewissheit einer Meinungsbildung lediglich aufgrund des „ersten Eindrucks" metasprachlicher Informationen hat ihre Wurzeln im evolutionären Erbe der stammesgeschichtlichen Entwicklung. Tiere verständigen sich untereinander weitgehend und unmissverständlich auf der Basis bestimmter physischer bzw. Körpermerkmale, Bewegungen, Verhaltensweisen oder Laute, die als Signalreize mit Bedeutungsgehalt fungieren. Sogar Pflanzen verfügen über aktive Geruchs-, Licht-, Wärme- und Berührungsrezeptoren.

Die Auslösemechanismen erfolgen als genetisch verankerte und konditionierte Verhaltensreaktionen auf ein bestimmtes, spezifisches Ausdrucksverhalten (Schlüsselreiz) quasi reflexhaft. Sie ermöglichen eine adäquate Einpassung der Lebewesen in ihr jeweiliges Umfeld, die für ihre Existenz und die ihrer Art unerlässlich ist.

Beim Menschen sind solche Interaktionsregularien nur noch rudimentär unter dem Gewebe der Sozialisation an verbliebenen, rituell anmutenden Verhaltensweisen erkennbar, z. B. im Umarmen, Beschnuppern und Befühlen, am sog. Kindchenschema, das den weiblichen Pflegeinstinkt aktiviert, oder in Balz- und präpotenten Dominanzverhalten von Männern gegenüber Frauen. Auch stumme Droh-, Schutz- und Demutsgebärden – z. B. Hand vor die Brust nehmen, Verneigen, Niederknien – haben als selbsterklärende Verhaltensweisen interkulturelle Bedeutung.

Die Körpersprache umfasst sämtliche sinnlich wahrnehmbaren Signale: Gesichtsausdruck, Stimme, Gesten, Berührungen – auch Riechen und Schmecken; es gibt gender- und altersbedingte Unterschiede. Im Übrigen ist ein weltweit ähnliches, kulturübergreifendes Ausdrucksverhalten hinsichtlich der sog. Basisemotionen Furcht, Verachtung, Trauer, Überraschung, Freude, Wut und Ekel zu beobachten, ebenfalls bei sekundären Gefühlsäußerungen wie Scheu, Verlegenheit, Stolz, Bedrücktheit, Ängstlichkeit, Verwirrtheit, Schuld und Scham.

Zur Grundausstattung der menschlichen Kommunikation gehört vorrangig das Mienenspiel (Mimik). Es ist das Ergebnis unwillkürlicher, fluktuierender Anspannungen durch 23 paarig-symmetrisch angeordnete Muskeln der Stirn-, Augen- und Mundregion. Änderungen der Hautdurchblutung, erkennbar am Erröten oder Erblassen innerhalb weniger Sekunden, werden über das vegetative (autonome) Nervensystem und damit verknüpfte Stresshormone reguliert. Gemessen an der reflexhaften Einschätzung einer Befindlichkeit über den Gesichtsausdruck eines Gegenübers innerhalb von Sekundenbruchteilen wird das diesbezügliche psychobiologische Potenzial besonders deutlich.

Da spontane Ausdrücke nicht über eine bewusste Selbstkontrolle gesteuert werden, insbesondere nicht die nur Sekundenbruchteile andauernden, mikromimischen Äußerungen (z. B. Blinzeln, Naserümpfen, Zucken der Mundwinkel – s. auch Kap. 6), gibt es Bemühungen, sie mit Unterstützung technischer Hilfsmittel zu erfassen.

Ein physiologisch begründetes Codiersystem („Facial Action Coding System"; FACS) zum Zweck einer objektivierten, computergestützten Ausdruckserfassung entwickelten die kalifornischen Psychologen Paul Ekman und Wallace V. Friesen in den 1980er

Jahren. Die (umstrittene) videografische Apparatur dient der Registrierung, Abgleichung und Integration von physiognomischen Mikroexpressionen (sog. Aktionseinheiten), die aus über 5000 erfassten Verformungen der Gesichtsmuskeln den erwähnten – womöglich verborgenen – Grundemotionen zugeordnet werden. FACS wird gelegentlich hilfsweise in US-polizeilichen Ermittlungsverfahren eingesetzt, um Falschaussagen zu detektieren.

Ein ähnliches Ziel verfolgt der seit langem bekannte sog. Lügendetektor, mit dessen Hilfe die Echtheit von Aussagen mittels polygrafischer Aufzeichnungen überprüft wird. Wie bei den mikromimischen Muskelveränderungen entziehen sich die stressempfindlichen, vegetativ gesteuerten, körperlichen Grundfunktionen (Atmungs- und Pulsfrequenz, Blutdruck und elektrischer Hautwiderstand) weitgehend einer willentlichen Steuerung.

Auf medizinischem Gebiet wird als Diagnosehilfe an einer Software gearbeitet, die aus einem Pool abgespeicherter Gesichtsausdrücke Erkennungsmerkmale definierter Körperkrankheiten als Vergleichsgrundlage herausfiltert (s. auch Kap. 3 und 7).

Die Ausdrucks- und Appellfunktion des Gesichtes lässt Rückschlüsse auf zugrunde liegende Gemütszustände und Intentionen zu, die nicht verbal geäußert werden sollen oder können. Ein stoischer, undurchdringlicher Gesichtsausdruck („Pokerface") entspringt allerdings nicht nur einer individuellen Intention, sondern wird auch durch soziokulturelle Gepflogenheiten bestimmt. Unverstellte mimische Signale werden ansonsten von den meisten Mitmenschen als authentisch erkannt und adäquat gedeutet.

Ob eine habituell zur Schau gestellte Mimik, z. B. ein „grimmiges Gesicht", sich auf Dauer zu einer starren Physiognomie verfestigen kann, ist nicht geklärt. Klischeebefrachtete, kulturhistorische Betrachtungen und

Schlussfolgerungen wie „Denkerstirn" oder „brutales Kinn" halten jedenfalls keiner seriösen Überprüfung stand.

Die Meinung, aufgrund einiger Menschenkenntnis vielleicht in kurzer Zeit ein sicheres Urteil über andere abgeben zu können, kann sich dessen ungeachtet als trügerisch erweisen. Dennoch gelingt es bisweilen nur schwer, das gewonnene Bild des ersten Eindrucks zu revidieren, wenn erneute Begegnungen andere, vielleicht sogar gegensätzliche Informationen liefern.

Möglicherweise unterliegt künstliche Intelligenz bei entsprechender Programmierung hier weniger der Gefahr eines Vorurteils durch Stereotypien bzw. erweist sich selbstlernend als korrekturfähiger und objektiver.

Der Gesichtsausdruck kann – wie oben angedeutet – die gesamte Palette an Befindlichkeiten, Absichten und Interessen vermitteln: Freude, Neugier und Erstaunen, Anspannung, Aufmerksamkeit, Bedrückung und Ängstlichkeit, Unentschlossenheit und Skepsis, Erregtheit, Ablehnung, Trotz, Ratlosigkeit und Verwirrtheit, Argwohn, Missbilligung und Unmut, Beschämung, Verbitterung, Trauer, Schmerz usw.

Umgekehrt wirkt offenbar der eigene Gesichtsausdruck auch auf die individuelle Gestimmtheit zurück („Facial Feedback"). Eine Erklärung dafür ist die enge Verknüpfung von lust- und unlustbetonten Gefühlen mit bestimmten, neurovegetativen Schaltkreisen in Groß- und Zwischenhirn samt deren chemischen Botenstoffen (Neurotransmittern) Serotonin, Dopamin, Glutamat und Oxytocin.

Professionelle Schauspielerinnen und Schauspieler müssen allerdings auf der Bühne in der Regel eine überzeugende Entkoppelung von psychischer Verfassung und rollenadäquatem Erscheinungsbild vermitteln.

Auf fast mystische Weise wird den Augen eine besondere Bedeutung beigemessen; sie gelten als „Spiegel der Seele". Blickrichtung sowie Glanz, Lid- und Pupillenweite vermitteln bestimmte Befindlichkeiten, sofern keine anatomischen Anomalien vorliegen. Blicke können „sprechen", d. h. ermuntern, abschätzen, strafen, durchbohren, sogar töten; sie können vielsagend, freundlich, besänftigend, ängstlich, durchdringend, provozierend oder vernichtend usw. sein.

Der Volksglaube an einen magischen, schadenstiftenden „bösen Blick" lässt sich bis in vorantike Kulturkreise zurückverfolgen und beruht vermutlich auf der überlebenswichtigen Rolle des Sehvermögens und der Nützlichkeit des Wahrgenommenen im Rahmen evolutiver Anpassungsstrategien.

Roboter werden diese elementare Befähigung durch andersartige Kommunikationsstrategien wohl überflüssig machen.

Ebenso können die gesamte Körperhaltung und Bewegungen der Gliedmaßen (Pantomimik) bestimmte seelische Zustände (z. B. Angespanntheit, Unruhe, Furcht, Erschöpfung oder Gleichgültigkeit) und Einstellungen (z. B. Ablehnung, Feindseligkeit oder Aggressivität) signalisieren, wobei die Bewegungen der Hände (Gestik), das Gangbild und die Sitzposition das größte Ausdruckspotential besitzen.

Bereits der Händedruck bei einer Begrüßung lässt Rückschlüsse auf die diesbezügliche Verfassung des Gegenübers zu; Umarmung, geöffnete Hände, ausgestreckter Zeigefinger oder geballte Faust sind kulturübergreifend als wortlose, aber unmissverständliche Verständigungsmittel bekannt.

Die Körperhaltung erweckt Assoziationen zu innerer Gespanntheit, Aufmerksamkeit, Disziplin und Selbstkontrolle.

Vermutlich so alt wie der Gesang, dient das Tanzen in Form rhythmischer, ritualisierter Schritte unter

Stimulation durch Töne und Klänge sowohl dem Ausdruck eigener Empfindungen, Gefühle und Erfahrungen als auch zeremoniellen Zwecken. Bewegungen in Gruppen fördern zudem das Gemeinschaftsgefühl. Die Kombination von Körpersprache und Musik hat somit über die bloße Bewegungsfolge hinaus auch soziale, meditative, spirituelle und kultische Bedeutung.

(Ein Ballett von Roboter/-innen (?) würde – auch wenn es jemals technisch möglich wäre – demgegenüber auf „Normalmenschen" doch eher befremdlich, vielleicht sogar furchteinflößend wirken. Wie jemals Maschinen ihre vermeintlichen Anmutungen, Einschätzungen und Empfindungen bzw. „Erlebnisse" überhaupt wertschätzend miteinander kommunizieren könnten, ist in Anbetracht des gegenwärtigen Menschenbildes eine ungelöste Frage).

Noch wesentlich ursprünglicher wird über chemische Reize (Schmecken, Riechen) oder physikalische (Abtasten, Berühren) analog kommuniziert, wobei der Mensch weder die Vielfalt und den Umfang noch die Präzision und Differenziertheit der Tiersprache erreicht (siehe auch nächstes Kapitel).

Wie implizite Informationen über Affekte, Absichten und Handlungsimpulse neurosensorisch im Einzelnen vermittelt werden, ist noch nicht endgültig geklärt, obgleich das unreflektierte Nachempfinden der geistig-seelischen Verfassung anderer einen wesentlichen Bestandteil alltäglicher Kommunikation ausmacht. Auf die Geltung von Schlüsselreizen im Sinne eines angeborenen Auslösemechanismus und die vermutliche Funktion sog. Spiegelneuronen wurde bereits weiter oben hingewiesen.

Normalerweise sind gesprochene Mitteilungen und Ausdrucksverhalten kongruent, d. h., sprachliche und nichtsprachlich-analoge Kommunikation befinden sich im Einklang. Falls beide Ebenen nicht kongruent sind (z. B. „schiefes Lächeln" bei Verlegenheit), entsteht ein zwiespältiger Eindruck, sofern keine neurologische Erkrankung die Ursache ist. Es regt sich beim Gegenüber ein Gefühl von Ambivalenz und Unsicherheit bis hin zu Misstrauen, wobei instinktiv der Körpersprache mehr vertraut wird. Hintergründe der unbewussten Simulationen sind meist verborgene Absichten oder regelrechte Ablehnung, seltener gezielte Täuschungsmanöver.

Mit sich selbst, d. h. mit seiner eigenen Leiblichkeit und körperlichen Verfassung, kommuniziert der Mensch kontinuierlich über ein hochkomplexes Flechtwerk von Nervenfasern und -leitungen, das sich über die gesamte Hautfläche sowie alle Muskeln, Gelenke und inneren Organe erstreckt. Die daraus resultierenden Sinneswahrnehmungen (z. B. Temperaturempfindung, Berührung, Schmerz, Anspannung, Kraftlosigkeit) liefern nicht nur lebenswichtige Informationen über den Gesundheitszustand, sondern vermitteln auch Ich-Gefühl und Ich-Bewusstsein, d. h. die integrationsbildende Eigenschaft, sich kontingent als nach außen abgegrenzte, ein und dieselbe Person im Denken und Handeln zu erleben. Reaktionen und Resonanzen der sozialen Umgebung bestätigen schließlich das Vermögen zu Selbstermächtigung und Selbstwirksamkeit (siehe folgendes Kap. 6).

Diese Verschmelzungsprozesse beruhen auf der unteilbaren Körper-Geist-Einheit samt fortwährenden, wechselseitigen Beeinflussungen; sie entziehen sich weitgehend der bewussten Lenkung durch das Bewusstsein und den Willen (s. auch Kap. 5 und 6).

Literatur

Becker, R., Wunderlich H.P.: Gefühl und Gefühlsausdruck. Thieme/ Stuttgart 2004
Molchow, S.: ABC der Körpersprache. Goldmann/München 2006

Schönhammer, R.: *Einführung in die Wahrnehmungspsychologie – Sinne, Körper, Bewegung*. 2. Aufl. facultas UTB/Wien 2013

Spitzer, M.: *Digitale Demenz*. Droemer-Knaur/München 2014

Völz, H.: *Weltbeschreibung. Raum, Zeit, Temperatur und Information – Aspekte, Standpunkte, Debatten*. Shaker/Aachen 2018

Wilke, J.: *Grundzüge der Medien- und Kommunikationsgeschichte*. 2. Aufl. UTB/Stuttgart 2008

Zell, A.: *Simulation neuronaler Netze*. 4. Aufl. Oldenbourg/München 2003

6

Welt der Sinne

Zusammenfassung Sämtliche Lebewesen sind mit sensorischen Rezeptoren ausgestattet, die ihnen die lebensnotwendige Anpassung an die Umwelt ermöglichen. Dem Menschen steht ein begrenztes, aber differenziertes Repertoire an neurophysiologischen Aufnahme- und Verarbeitungsmodalitäten für das breite Spektrum an mechanischen, chemischen und taktilen Reizen der Umgebung zur Verfügung. Die Wahrnehmungsreize werden über die Sinnesorgane einschließlich körperlicher Empfindungen aufgenommen und über das sensible Nervensystem dem Gehirn zugeleitet, wo sie gefiltert, gefühlsmäßig bewertet und eingeordnet werden. Das gegenläufige motorische System ermöglicht im Bedarfsfall unmittelbare, reflexhafte oder mittelbare, gelenkte Reaktionen.

Trotz der exponentiell gewachsenen mentalen Fähigkeiten, die Homo sapiens sapiens auf seinem langen Weg in die Welt der abstrahierten Kommnunikation über Zeichen und Symbole exponentiell gewachsene mentale Fähigkeiten. Dennoch ist er nach wie vor auf die urtümliche, analoge Orientierung angewiesen, die er über seine einzelnen Sinnesorgane erfährt. Die unmittelbare Verschmelzung aller sensorischen Reize bildet das Fundament für die mentalen und motorischen Funktionen. Beeinträchtigungen dieser basalen Perzeptionsintegration führen daher zu vitalen Defiziten bis hin zu einer verminderten psychosozialen Kompetenz in den wesentlichsten Lebensbereichen mit weitgehender Hilflosigkeit. Der völlige Entzug von Licht- und Hörreizen in speziell isolierten Räumen (z. B. Dunkelhaft mit völliger Stille – sensorische Deprivation) oder pausenlose Beschallung – benutzt als Mittel der weißen Folter – ruft sogar innerhalb weniger Tage Verwirrtheit, halluzinatorische Verkennungen und andere psychotischen Symptome hervor.

Die Ansicht, dass die Wahrnehmung notwendige Voraussetzung für das Denken sei, wurde bereits in der griechischen Philosophie des 6. Jh. v. Chr. vertreten. Aristoteles (384–322 v. Chr.) hielt die Sinneseindrücke für konstituierende Bedingungen von Fantasie, Vorstellungsvermögen und Planungen. Besonders deutlich unterstrich der englische Arzt und Philosoph John Locke (1632–1704), Vorreiter der Aufklärung, die Bedeutung der sinnlichen Erfahrung als Quelle jeglicher Erkenntnis: Äußere und innere Eindrücke werden demnach über den Verstand zu komplexen Ideen und Reflexionen (Gedanken) geformt. Locke bezog sich u. a. auf den Kirchenlehrer Thomas von Aquin (1225–1274): „Nihil est in intellectu, quod non fuerit in sensu" („Nichts ist im Verstande, was nicht [zuvor] in den Sinnen war").

Empfindungen, Wahrnehmungen und Gefühle werden durch den rezeptiven Sinnesapparat und ein Netzwerk von bioelektrischen/biochemischen Leitungen und Modulen im Nervensystem samt rückkoppelnden Schaltkreisen vermittelt, die sowohl die Umgebung codiert abbilden als auch Auskunft über das eigene Befinden geben.

Die bewusste Sinneswahrnehmung, z. B. Erfassen einer Situation, entsteht schließlich als Ergebnis eines kontinuierlichen, psychobiologischen Prozesses, der mit einem sensorischen Input beginnt. Unter Abgleich mit bereits gesammelten Erfahrungen bzw. evolutionär vorgegebenen Schemata („Skript") erfolgen sodann augenblicklich eine Selektion, Integration, Interpretation und Bewertung des Wahrgenommenen.

Die Informationsverarbeitung im Gehirn ist sowohl hochgradig assoziativ als auch – ökonomisch hocheffektiv – parallel konzipiert. Sie beruht auf einem dichten Geflecht von Neuronen (Nervenzellen), die untereinander pro Sekunde rund ein Terabyte Informationen in Form von elektrischen Aktivierungsmustern (Aktionspotentiale) produzieren, wobei stets vergleichend bereits abgespeicherte Gedächtnisinhalte einbezogen werden.

Das Ergebnis dieser mehrdimensionalen Filterung und gestaffelten Integration aller einströmenden Reize zu einem gestalteten Gesamteindruck gleicht einem vielstimmigen Konzert, an dem jedes Ensemblemitglied mit einem eigenen Beitrag zum ganzheitlichen Klangerlebnis beteiligt ist (siehe auch Kap. 6).

Die eigentliche Transformation der neurophysiologischen und neurochemischen Prozesse in Empfindungen, Vorstellungen, Fantasien, Traumbilder und Visionen usw. stellt allerdings ein bislang ungelöstes Rätsel dar, das als Leib-Seele-Problem eine uralte philosophische Kernfrage beinhaltet (sog. Qualia-Problem).

Was unterscheidet die Leistungen des menschlichen Gehirns von den computergenerierten?

Mithilfe künstlicher Intelligenz arbeitende, spezielle Rezeptoren (z. B. für Bewegungen, Licht, Temperatur,

Feuchtigkeit, Schall, Geräusche etc.) können in autonom arbeitenden Systemen ebenfalls gezielt Reaktionen von Robotern in Gang gesetzt werden, die blitzschnell auf riesige Speicher zurückgreifen können. Demgegenüber arbeitet das menschliche Gehirn aufgrund anderer Organisations- und Verschaltungsprinzipien ungenauer, redundanter und/oder langsamer, aber wesentlich kreativer und flexibler – und im Vergleich zu künstlicher Intelligenz erheblich energiesparender.

Künstliche neuronale, d. h. neuromorphe Netzwerke suchen die sowohl hochkomplexe, sequentielle als auch modular-hierarchisierte Arbeitsweise des Gehirns in Form eines „Deep Learning" zu kopieren. Technische Verbesserungen der EDV, insbesondere die Entwicklungen auf dem Gebiet der mehrere Tausend Qubits umfassenden Quantencomputer, lassen aufgrund exponentieller Steigerungen von Rechengeschwindigkeit und neuartigen, energiesparenden Speicherkapazitäten weitere Annäherungen erwarten, deren Ergebnisse nicht absehbar sind (s. auch vorige Kapitel).

Ob auf diese Weise der von Digitaloptimisten prophezeite Qualitätssprung in Richtung einer differenzierten Imitation menschlicher Verhaltensmuster einschließlich kreativer Antworten von Maschinen erreicht werden kann, ist jedoch fraglich, ganz zu schweigen von motivations- und intentionsgesteuerten Reaktionen. Möglicherweise verkörpern die hierarchisch abgestuften Deep-Learning-Verschaltungen superintelligenter Roboter eine Art Matrix für ähnliche, „vorbewusste" Abläufe.

Mit anderen Worten: Lässt sich die Komplexität des menschlichen Wahrnehmungsapparates als erster Signalgeber für Denken, Erleben und Verhalten innerhalb der nächsten Computergenerationen aus Mikrochips nachbilden? Und lässt sich daraus eine zweite Ebene von semikognitiven „Überlegungen", „Beurteilungen" und

„Entscheidungen" für humanoide Roboter konstruieren? Die künstlichen, neuronalen Netzwerke von digitalen Höchstleistungssystemen sollen in Zukunft Antworten liefern (siehe Kap. 6 und 7).

Zum besseren Verständnis der fundamentalen Unterschiede zwischen computerisierter Sensorik und natürlichem Wahrnehmungsablauf wird im Folgenden näher darauf eingegangen.

Die Erkenntnis, dass optische, akustische, mechanische und chemische Reize vom Organismus in elektrische Ströme (Aktionspotentiale) umgewandelt werden, wurde mit der Psychophysik des 19. Jahrhunderts gewonnen. Das heutige Forschungsgebiet der Sinnesphysiologie, eines Bereichs der Neurowissenschaften, umfasst außer den Untersuchungen zu den individuellen Sinneseindrücken auch deren Decodierung, Interpretation und Einordnung unter Abgleich mit assoziierten, evtl. „bedeutsamen" Gedächtnisinhalten. Die daraus u. a. abgeleiteten Erkenntnisse über psychosomatische und somatopsychische Zusammenhänge bestätigen das Prinzip einer unauflösbaren, leibseelischen Einheit, die mit dem Ausfall des Betriebssystems „Körper" erlischt.

Zur Erfassung und Bewertung der – selbst während des Schlafens unablässig einströmenden – inneren und äußeren Sinnesreize dient beim Menschen ein biologisches Wahrnehmungssystem, das zwar theoretisch eine Informationsmenge von ca. 11 Mio. Bits/Sek. aufnehmen kann, davon jedoch nur einen Bruchteil derjenigen Informationen explizit registriert, welche die Bewusstseinsschwelle überschreiten (siehe auch folgendes Kap. 6). Den weitaus größten Informationsbedarf von ca. 10 Mio. Bits/Sek. benötigt ein normaler Sehvorgang.

Die rund 86 Mrd. untereinander vernetzten Nervenzellen (Neurone) im menschlichen Gehirn bilden ein Netzwerk mit jeweils bedarfsabhängig wechselnden

Schaltkreisen. Sie vermitteln über Änderungen ihrer Membranpotentiale Reizleitung und Informationsübertragung, die durch Nervenfasern (Axone) – ca. 50-mal so dünn wie ein menschliches Haar – als Ströme von 70 Millivolt weitergeleitet werden. Da jedes Neuron bis zu 200.000 (!) synaptische Verbindungen mit anderen eingehen kann, ergibt sich hieraus ein Potential an ca. 100 Billionen Verschaltungen. Als Energieträger dienen dem Gehirn Zucker (Glukose) und Sauerstoff, die samt Rückständen über benachbarte Versorgungszellen (Glia) zugeführt bzw. entsorgt werden.

Im Unterschied zu vergleichbaren, computergenerierten Leistungen arbeitet das Gehirn mit einem bemerkenswert geringen Energieverbrauch von lediglich knapp 20 W!

Die Erregungsübertragung von Neuron zu Neuron erfolgt über chemische Ventile (Synapsen). Das axonale Ende setzt chemische Überträgerstoffe (sog. Neurotransmitter) frei, die den ca. 20–30 nm breiten, synaptischen Spalt überbrücken und an benachbarten Zellen der postsynaptischen Rezeptoren andocken, wo sie jeweils wieder in elektrische Impulse retransformiert werden (s. auch Kap. 7).

Der menschliche Sinnesapparat umfasst zunächst wie bei allen höheren Lebewesen die fünf klassischen Organe für das Sehen, Hören, Tasten, Riechen und Schmecken, wobei über die visuelle Wahrnehmung auch mimische und gestikulatorische Äußerungen als hauptsächliche Mittel der Körpersprache transportiert werden (siehe auch Kap. 3).

Hinzu kommen die Analyse der Raumorientierung, Balance und Bewegungsabläufe durch den Gleichgewichtssinn sowie der Empfindungen für Berührung, Schmerz oder Temperatur in der Haut und die Körperempfindungen in den Muskeln, Sehnen und Gelenken (Oberflächen- bzw. Tiefensensibilität).

Das Sehvermögen ist evolutionsbiologisch zwar das wichtigste Medium der örtlichen und persönlichen Orientierung des Menschen; es wurde im Zeitalter der audiovisuellen Informationsübertragung allerdings auch zum weitaus strapaziertesten Sinnessystem.

Der Sehvorgang umfasst die Aufnahme, Weiterleitung und Verarbeitung optischer Reize über die Netzhaut (Retina) des Auges und den Sehnerv zum Gehirn, wo eine Auswahl und Sortierung relevanter Informationen und deren Interpretation unter Abgleich mit bereits abgespeicherten Wahrnehmungen stattfindet.

Von der Netzhaut wird aus dem Spektrum elektromagnetischer Schwingungen lediglich selektiv ein Frequenzbereich von 400 bis 700 Nanometern wahrgenommen, der mittels etwa 125 Mio. Sinneszellen pro Auge in elektrische Potentiale umfunktioniert wird. Von diesen Lichtsinneszellen sind die sog. Stäbchen für schwaches Licht empfindlich, die sog. Zäpfchen für helles Licht und Farbtöne.

Durch die (gekreuzten) Sehnerven werden die Impulse zu einem Areal im Gehirn des Hinterkopfs (visueller Kortex) weitergeleitet, dort decodiert und unter speziellen Merkmalen (z. B. Bedeutung, Bekanntheit, Prägnanz, Gestalthaftigkeit) kategorisiert und abgespeichert; im Einzelnen scheinen dabei die Merkmale „Form", „Farbe", „Bewegung", „Ortsbestimmung" bzw. „räumliche Organisation" eine ordnende Rolle zu spielen.

Schädigungen in diesem Areal können zu einer mangelhaften oder fehlenden Verarbeitung visueller Reize mit dem Resultat führen, dass Gegenstände oder Gesichter nicht mehr erkannt werden (sog. Seelenblindheit). Optische Täuschungen werden hingegen üblicherweise durch Abgleich mit früheren Erfahrungen korrigiert; warum dies bei den komplexeren, echten Halluzinationen nicht gelingt, ist noch nicht geklärt. Halluzinatorische

Sinnesempfindungen, die im Übrigen auch bei Tieren vorkommen, beruhen offensichtlich auf neuronalen „Fehlschaltungen" im Gehirn.

Ein selten vorkommendes Defizit stellt demgegenüber die mangelnde bzw. fehlende Eignung dar, sich ehemals erlebte Situationen bildlich vorzustellen, d. h. zu visualisieren (Afantasie).

Obgleich das Hören ebenfalls einen wichtigen Informationskanal bedeutet, sind sehbehinderte Personen hilfloser als hörgeschädigte.

Die übliche Raumwahrnehmung aufgrund der Doppeläugigkeit, die eine dreidimensionale, stereoskopische Erfassung der Umgebung ermöglicht, entfällt in der virtuellen Welt der Bildschirme und Displays. Um die diesbezüglichen Defizite auszugleichen, werden hilfsweise spezielle Brillen (z. B. sog. Cyberbrillen) verwendet, die eine frappierend echt wirkende, räumliche Tiefenwirkung erzeugen.

Die Abhängigkeit vom quantitativen und qualitativen Leistungsvermögen der visuellen Wahrnehmung macht die Affinität des Menschen zu Chiffren und bildlichen Darstellungen verständlich, die sich spätestens seit den steinzeitlichen Höhlenmalereien wie ein roter Faden durch die Evolution zieht. Sie schlägt sich sogar in den eindringlichen Visionen nächtlicher oder rauschdrogeninduzierter Traumwelten nieder, deren Interpretationen seit jeher zum magisch-mantischen, metaphysischen und tiefenpsychologischen Repertoire gehören. Sie verweisen auf das transzendentale menschliche Bestreben, sich „ein Bild" von mysteriösen, unerklärlichen Dingen zu machen, dämonische Einflüsse zu entschärfen oder spirituell-religiöse Botschaften zu empfangen.

Mit Gespür für die hohe Empfänglichkeit gegenüber visuellen Eindrücken werden zu Werbezwecken vorzugsweise grelle, farbige und leuchtende optische Reize verwendet, um Aufmerksamkeit zu erregen (siehe Kap. 1).

6 Welt der Sinne

Betrachten virtueller bewegter Bilder nimmt die Sehleistung besonders in Anspruch. Die über 2 Mio. Bildpunkte (Pixel), welche als Datenstrom in Form fortlaufender Zeilen lediglich in Bruchteilen von Sekunden auf einem Monitor aufleuchten, müssen zu einem verständlichen Gesamteindruck integriert werden – eine Höchstleistung der menschlichen Wahrnehmung, Dechiffrierung und Engrammierung mit der Gefahr mentaler Überforderung mit Ermüdungserscheinungen bis zur geistigen Abwesenheit (s. auch Kap. 3).

Eine ebenfalls hochgradig differenzierte Sinnesleistung stellt das Hören dar – unentbehrlich zur akustischen Orientierung und sprachlichen Kommunikation. Die engen Beziehungen zur Gefühlswelt, insbesondere bei bestimmten Geräuschen oder Klängen, sind vermutlich auf die ehemals lebenswichtige Funktion von Warn- und Locklauten zurückzuführen, die sich in der Tierwelt bis heute in einer Vielfalt erhalten hat, die bisher nur teilweise interpretiert werden kann.

In der Menschwerdungsgeschichte haben musikalische Ausdrucksformen in Form von Gesang und dem Gebrauch einfacher Instrumente im Rahmen magischspiritueller Rituale eine lange Tradition, die ebenfalls bis in die frühe Steinzeit zurückreicht.

Die Hörwahrnehmung beruht beim Menschen auf der Verarbeitung von Luftdruckwellen zwischen 16 und 18.000 Hz ab einem Schallpegel von null Dezibel an aufwärts. Diese physikalisch-mechanischen Reize werden von ca. 15.000 Haarzellen in der Gehörschnecke des Innenohrs aufgenommen und in elektrische Impulse umgewandelt. Bis zu 20 Signale/Sek. können dabei als einzelne, getrennte Ereignisse registriert und über den Hörnerv weitergeleitet werden. Die außerhalb dieser Bandbreite eintreffenden Geräusche (Ultra- und Infraschall) bleiben unbewusst (subliminal), wobei einer

Hörwahrnehmung ein Reizeinstrom von ca. einer Million Bits/Sek. zugrunde gelegt wird.

Die eigentliche auditive Wahrnehmung geschieht über eine Auswertung der via Hörnerven transportierten Signale in den Hörzentren des Schläfenhirns (Temporalbereich). Die Unterscheidung zwischen einfachen Lauten und gesprochener Sprache bedarf einer genaueren Analyse der eintreffenden Informationen, die daher in unterschiedlichen Regionen decodiert werden. Im Übrigen werden die sprachlichen Informationen bei (rechtshändigen) Menschen vorwiegend in der linken Gehirnhälfte verarbeitet.

Trotz intakter Rezeptoren und Leitungen kann der Sinn alltäglicher, charakteristischer Umweltgeräusche nicht erkannt oder gesprochene Sprache keiner semantischen Bedeutung zugeordnet werden, wenn eine beidseitige Schädigung der oberen Temporalwindungen vorliegt (auditive Agnosie bzw. sog. Seelentaubheit, Asymbolie).

Andersartige Erkrankungen des Gehirns betreffen die Fähigkeit des Menschen, ironisierende oder metaphorische, mehrdeutige Mitteilungen (z. B. Sprichwörter, Redewendungen) zu verstehen, d. h. zu erfassen, was „zwischen den Zeilen" steht.

Geruchs- und Geschmackssinn überschneiden sich hinsichtlich ihrer Wahrnehmungsprodukte, obgleich sie anatomisch verschieden lokalisiert sind, d. h., das Schmecken wird weitgehend durch Riechempfindungen mitgestaltet.

Beim Menschen wurden rund 400 unterschiedliche Geruchsrezeptoren mit etwa 20–30 Mio. Riechzellen im oberen Bereich der Nasenschleimhaut identifiziert. Die Aufnahmekapazität beträgt ca. 100.000 Bits/Sek. Bewusst wahrgenommen werden Gerüche oberhalb eines definierten Schwellenwertes, dessen Skala mit null (= Wasser) beginnt. Unterscheidbar sind ca. 10.000 verschiedene Duftnoten.

Die Geruchsreize werden von speziellen Nervenfaserbündeln des Riechnervs zu einem Hirnanteil oberhalb der Nasenwurzel geleitet, der zum vorderen Teil des Großhirns gehört (Riechhirn). Von dort gibt es Verknüpfungen zu anderen Hirnregionen, insbesondere zum Hypothalamus und zum limbischen System im Zwischenhirn, wo die jeweils begleitenden Empfindungen generiert werden.

Die Hauptgruppen werden als blumenduftartig, moschusartig, ätherisch, campherartig, faulig, schweißig und stechend gekennzeichnet.

Eine fehlende Riechwahrnehmung (Anosmie), z. B. als Folge einer Parkinson- oder Covid-19-Erkrankung, kann – abgesehen von dem Verlust an Warnsignalen – auch erhebliche psychische Folgen aufgrund geschmacklicher Defizite haben, da der Geschmack ganz überwiegend durch das Riechen bestimmt wird.

Der Geschmackssinn wird ebenso wie der Geruchssinn durch chemische Reize angesprochen. Beim erwachsenen Menschen liegen die Rezeptoren (2000 bis 5000 Geschmacksknospen zu je etwa 100 Sinneszellen) in der Zungen- und Rachenschleimhaut, die einen Reizeinstrom von ca. 1000 Bits/Sek. benötigen. Die Geschmacksqualitäten sauer, bitter, salzig, süß, umami (und fetthaltig) kennzeichnen eine Nahrung in Abhängigkeit von ihrem Gehalt an Mineralien und ernährungswichtigen Stoffen wie Kohlenhydraten, Eiweißen und Fetten.

Der Sinneseindruck, der alltagssprachlich als „Geschmack" bezeichnet wird, ist allerdings das Resultat eines Zusammenspiels von Geschmacks- und Geruchsfunktionen: Durch den Rachen gelangen kleinere Bestandteile der Nahrung von hinten in die Nase, wo sie die Riechrezeptoren stimulieren.

Hinzu kommen Tast- und Temperaturempfindungen aus der Mundhöhle.

Schmeckstörungen (Ageusien) können sowohl durch lokale Schädigungen als auch durch Krankheiten des Zentralnervensystems bedingt sein.

Die übrigen Körpersinne gehören zu den frühesten Kommunikationsmodalitäten von Lebewesen überhaupt; Reaktionen auf Berührungsreize lassen sich bereits bei einfachen Pflanzen nachweisen. Ein bekanntes Beispiel ist die Mimose, die bei Berührung innerhalb Sekunden ihre Blätter zusammenklappen kann.

Es gibt in der Haut und Schleimhaut zahllose, jeweils unterschiedliche Rezeptoren für Druck-, Temperatur- und chemische Reize (Oberflächensensibilität). Eine Sonderrolle der Körperwahrnehmung spielt das Schmerzerleben (Nozizeption), das als Alarmsignal aus Dysfunktionen innerer Organe fungiert (viszeraler Schmerz).

Das Tastsinnsystem ist bereits vorgeburtlich und sodann lebenslang für aktive (taktile) und passive (haptische) Wahrnehmungsleistungen verantwortlich. Die Güte der Tastsinnesleistungen ist individuell hochgradig verschieden und hängt ab von Aufmerksamkeit, Konzentration, Erwartung, Befindlichkeit und Motivation.

Als angenehm empfundene Berührungen (z. B. Streicheln, Schmusen) zwischen Lebewesen können sich positiv auswirken: Sie reduzieren zum Beispiel hormonelle Stressreaktionen und stimulieren das „Kuschelhormon" Oxytocin.

Sensoren aus dem Körperinneren informieren über die Position des Körpers im Raum und die Stellung der Gelenke (Lagesinn), den Spannungszustand von Muskeln und Sehnen (Kraftsinn) sowie über Gleichgewicht und Bewegungen (Gleichwichts- und Bewegungssinn) – zusammengefasst als Tiefensensibilität.

Im Gegensatz zu den oben aufgeführten Sinnesorganen werden die Sinnesreize hier nicht über gesonderte, ummantelte Nervenkabel, sondern über Faserbündel via Rückenmark dem Thalamus, limbischen System und somatosorischen Kortex zwecks weiterer Verarbeitung zugeleitet.

Schließlich werden die neurophysiologischen Korrelate von Missempfindungen der Organtätigkeiten (z. B. Luftnot, Übelkeit, Brechreiz, Herzklopfen, Bauchkrämpfe) über den Nervus vagus (Parasympathikus) an das Markhirn im oberen Teil des Hirnstamms gesendet, wo die Zentren für die vegetativen Körperfunktionen (Husten-, Schluck- und Niesreflex, Blutkreislauf, Atmung etc.) lokalisiert sind.

Insgesamt übertrifft der Mensch als jüngstes, kompliziertestes Ergebnis der Evolution dank seiner hochdifferenzierten, miteinander kommunizierenden neuronalen Netzwerke einerseits das Potential sämtlicher Tierarten, multiperzeptiv-sensorische Wahrnehmungen integrativ zu verarbeiten und daraus Schlussfolgerungen, Beurteilungen, Entscheidungen, Planungen und Handlungsentwürfe zu abstrahieren.

Andererseits ist er allerdings in Einzelbereichen der Sinnestätigkeit vieler Tierarten deutlich unterlegen, vor allem hinsichtlich der Breite und Empfindlichkeit des überlebenswichtigen Riechvermögens sowie des Hör-, Tast- und Bewegungssinnes. Etliche physikalische und/oder chemische Reize bleiben komplett unterschwellig (subliminal): z. B. Schwerkraft und Luftfeuchte, polarisiertes bzw. ultraviolettes Licht, radioaktive, Infrarot- und Röntgenstrahlen, Ultra- und Infraschallwellen, elektrische und magnetische Felder. Sie dienen einigen Tieren zur Orientierung, können jedoch vom Menschen nicht direkt wahrgenommen werden (s. auch Kap. 7).

Dessen ungeachtet führt auf der anderen Seite eine anhaltende Reizüberflutung zu einer Überforderung der quantitativ und qualitativ selektiv arbeitenden

Wahrnehmungsfilter. Im günstigen Fall schützt eine „Ausblendung" oder gar „Abschaltung" einströmender Reize die Sensorik, im ungünstigeren besteht die Gefahr einer mental-kognitiven Überlastung mit den Anzeichen von Unkonzentriertheit, Verwirrung, Zerfahrenheit und Konfusion.

Wie bereits eingangs erwähnt, können elektronische Fühler für selbstlernende Computer so konstruiert und programmiert werden, dass sie bestimmte menschliche Sinnesleistungen übertreffen oder sogar ersetzen (z. B. solche für Licht, Schall, Geruch, Radioaktivität, Magnetismus, Geschwindigkeit).

Infolgedessen sind diese Maschinen in der Lage, bestimmte Tätigkeiten schneller, präziser und mit konstanter Belastbarkeit durchzuführen. Polytronisch bestückt, könnten solche humanoiden Roboter den Anschein erwecken, quasi als zuverlässige Helfer mit menschlichen Attitüden zu agieren, ohne dass deren innere, bis in molekulare bzw. atomare Tiefen verzweigten, konnektiven Funktionen in einer halbleiterbestückten Blackbox nachvollzogen werden können.

Das oben beschriebene Zusammenspiel der menschlichen Sinnesleistungen zur inneren und äußeren Orientierung infolge hochkomplexer, flexibler neuronaler Verschaltungen auf kleinstem Raum wirft die Frage auf, wie humanoide Maschinen jemals diese generalisierten Fähigkeiten imitieren könnten.

Literatur

Becker, R., Wunderlich H.P.: Gefühl und Gefühlsausdruck. Thieme/ Stuttgart 2004
Brandes, R., Lang, F., Schmidt, R.F. (Hrsg.): Physiologie des Menschen. 32. Aufl. Springer/Berlin 2019

Jütte, R.: Geschichte der Sinne. Von der Antike bis zum Cyberspace. Beck/München 2000

Locke, J.: An Essay concerning Humane Understanding. Basset u. Mory/London 1690

Löscher, W.: Vom Sinn der Sinne: spielerische Wahrnehmungsförderung für Kinder. Don Bosco/München 1994

Molchow, S.: ABC der Körpersprache. Goldmann/München 2006

Payk, Th.: Psychopathologie. 5. Aufl. Springer/Berlin, Heidelberg 2022

Rock, I.: Wahrnehmung. Spektrum Akadem. Verlag/Heidelberg 1985

Rojas, R.: Theorie der neuronalen Netze. Eine systematische Einführung. 4. Nachdruck. Springer/Berlin 1996

Schönhammer, R.: Einführung in die Wahrnehmungspsychologie – Sinne, Körper, Bewegung. 2. Aufl. facultas UTB/Wien 2013

Strauss, E.: Vom Sinn der Sinne. 2. Aufl. Springer/Berlin 1956

Zell, A.: Simulation neuronaler Netze. 4. Aufl. Oldenbourg/München 2003

7

Bewusstsein und Bewusstheit

Zusammenfassung Gegen den ungebremsten, fortlaufenden Einstrom riesiger Datenmengen besonders auf visuellem und auditivem Gebiet schützt sich das menschliche Wahrnehmungssystem mittels Selektion durch den Thalamus; d. h., nur ein Bruchteil an Informationen wird mit Bewusstsein registriert. Eine zu große Reizoffenheit kann zu mentalen Dysfunktionen führen. Die Menge der Sinnesreize, die ebenfalls abgespeichert bzw. mit Gefühlstönungen verknüpft werden, obgleich sie unterhalb der Bewusstseinsschwelle bleiben, ist unbekannt. Möglicherweise tauchen sie bisweilen in Erinnerungsbruchstücken auf, die nicht zugeordnet werden können. Bei der künstlichen Intelligenz werden diese Methoden des Deep Learning als gestaffelte, nicht einsehbare Bearbeitungsprinzipien (Zwischenspeicher) nachgeahmt.

Die spannende Frage, ob und wie mittels künstlicher (Super-)Intelligenz zu Deep Learning befähigte Roboter sich – analog den oben skizzierten Organempfindungen bei echten Lebewesen – dem Stellenwert ihrer Bauteile bewusst werden und evtl. bei deren Beschädigungen/Funktionsstörungen folgerichtig reagieren könnten, lenkt den Blick auf die Existenz von menschlichem Bewusstsein, dessen Tiefe und Reichweite. Der bisweilen geäußerte Vergleich mit der Hard- und Software eines Computers trifft hier beispielhaft bestenfalls auf die Umsetzung eingegebener bzw. programmierter Befehle zu.

Obgleich die gegenseitigen, leibseelischen Wechselwirkungen im menschlichen Körper evident sind, ist es bis heute nicht möglich, einen plausiblen Zusammenhang zwischen Hirnfunktionen und mentalen Prozessen herzustellen. Die Moleküle eines Neurotransmitters oder die Elektronen von Ionenströmen im neuronalen Leitungsnetz haben eine gänzlich andere Natur als etwa Gefühle von Bedrücktheit oder Freude.

Ebenso unerklärlich ist, nach welchem Modus sich die offensichtlichen Körper-Geist-Korrelationen organisieren. Beispielsweise ist neurobiologisch bislang nicht zu interpretieren, welcherart Einschätzungen, Ideen, Vorstellungen, Schlussfolgerungen oder Planungen warum, wann und wo sich im Nervensystem mentalisieren. Vollends mysteriös erscheinen die „Substrate" von Hoffnung, Zuversicht, Stolz, Scham, Mitleid, Sehnsucht etc. Die Prinzipien der Hierarchisierung bzw. der Sortierung in den Gedächtnisstrukturen sind ebenfalls nicht bekannt: rätselhaft bleibt etwa bislang, wie die zeitliche Reihenfolge von stattgehabten Ereignissen als „früher/vorher" oder „später/danach" erinnert wird.

Bereits eine präzise Operationalisierung des mentalen Zustands, der allgemein als „Bewusstsein" bezeichnet wird, ist problematisch. Noch unbegreiflicher ist, wie das „Ich-Bewusstsein" einerseits mit den Fähigkeiten zur Selbstaufmerksamkeit, kritischen Reflexion und Einsicht, andererseits als „Herr im Hause" mit dem Vermögen zu Entscheidung, Selbstermächtigung und -management gleichzeitig auf den Ebenen der Subjektivität und Objektivität fungieren kann. Entsprechende „doppelgleisige" neuroanatomische Substrate wurden jedenfalls hierfür nicht lokalisiert, sodass sich die Suche eher auf funktionelle Netzwerke mit wechselnden Aktivitäten richtet.

„Deep Learning" als Errungenschaft eines hochkomplexen, maschinellen „Unterbewusstseins" zu veranschaulichen, kommt vielleicht dem sog. Schichtenmodell psychischer und körperlicher Funktionen beim Menschen am nächsten. Demzufolge bleiben äußere oder innere Reize vorbewusst, unbewusst oder unterbewusst, d. h., sie werden nicht mit Bewusstsein wahrgenommen oder gar gelenkt (subliminale Wahrnehmungen), ehe sie sich als operationalisierbar bemerkbar machen und verifizieren lassen.

Hierzu gehören außer intrapsychischen Phänomenen wie Antrieben, Intentionen, Impulsen, Gestimmtheiten, Anmutungen und Bedürfnissen auch die meisten autonomen Körpervorgänge (s. voriges Kapitel).

Eine Filterfunktion kommt offensichtlich dem Thalamus („Tor des Bewusstseins") als Teil des sog. limbischen Systems im Zwischenhirn zu, über das sämtliche einströmenden, perzeptiv-sensorischen Informationen auf deren Relevanz hin überprüft, ggfs. an die Großhirnrinde (somatosensorischer Kortex) weitergeleitet und damit „zur Kenntnis genommen" werden. Abhängig u. a. von Neugier, Interessen und Motivation übt bereits im Vorfeld eine gezielte Lenkung konzentrierter Aufmerksamkeit (Achtsamkeit) eine orientierende Selektion aus, vergleichbar einem Suchscheinwerfer in der Dunkelheit.

Die Erkundung des Unbewussten in der Psychoanalyse mittels Hypnose, Traumdeutung oder Drogen zu Beginn des 20. Jahrhunderts ließ in der Tat den uneinschätzbaren Einfluss unterschwelliger Perzeptionen und deren Speicherung auf Entscheidungen und Verhaltensweisen erkennen. Gemäß psychoanalytischer Lehrmeinung wird darunter ein vom Konstrukt „Über-Ich" (Gewissen) abgespaltenes bzw. „unterdrücktes" Territorium an Triebansprüchen („Es") verstanden, die bei psychischen oder psychosomatischen Störungen durch die oben genannten, tiefenpsychologisch-analytischen Methoden bewusst gemacht und mithilfe von sog. Übertragungsprozessen bearbeitet werden sollen.

Die bereits seit der Antike vermuteten Zusammenhänge zwischen bewussten und unbewussten Wahrnehmungsprozessen waren von der Philosophie und Psychologie des 19. Jh. einer näheren Analyse unterzogen worden. Der Philosoph Max Scheler (1874–1928) stellte die beobachtende und beurteilende Funktion der „oberbewussten" den unbildlichen und vagen, nicht mitgelebten, „unterbewussten" psychischen Vorgängen gegenüber. Zuvor hatte Johann F. Herbart (1776–1841), ebenfalls Philosoph, den Begriff „Bewusstseinsschwelle" eingeführt und eine Aufnahme von Vorstellungen und Empfindungen mit nur schwacher Intensität, d. h. unterhalb einer bewussten Wahrnehmung verbleibend, angenommen.

Diese Auffassungen sowie Erfahrungen des Pariser Psychiaters und Psychotherapeuten Pierre Janet (1859–1947) aus dessen Behandlung psychotraumatisierter Menschen bildeten u. a. die Grundlage für die zentrale Hypothese der psychoanalytischen Lehre Sigmund Freuds, die das „Unterbewusstsein" als quasi eigenständigen Bereich der Triebdynamik ansieht.

Dass lediglich nur ein Bruchteil an externen und internen Sinnesreizen die Grenzfläche zur Bewusstwerdung überschreitet, konnte vonseiten der neurobiologischen Forschung im Großen und Ganzen untermauert werden. Ein Input von weniger als 50–100 Bits pro Sekunde wird nicht mehr bewusst registriert, obgleich er technisch-neurophysiologisch nachweisbar ist. Nur ein extrem schmales Segment der einströmenden Reize wird mit Bewusstsein wahrgenommen, als Erkenntnis fixiert, in Entscheidungen einbezogen und in eventuelle Reaktionen umgesetzt. Der weitaus größere Teil wird – mehr oder weniger verknüpft mit emotionalen Engrammen – zur unbemerkten Quelle unklarer Motivationen, Wünsche und Antriebe oder unbeabsichtigter, scheinbar rätselhafter Entscheidungen oder (spontaner) Handlungen, deren Ursprung meistens verborgen bleibt.

Kontroverse Debatten entzünden sich auf dem Gebiet der Neuroethik daher an der naheliegenden Frage nach der (vermeintlichen?) Willens- und Handlungsfreiheit bzw. Verantwortlichkeit des Menschen – hier stehen sich deterministische und indeterministische Auffassungen gegenüber. Ob eine Art autonomer Ich-Instanz mit „freiem Willen" Entscheidungen treffen kann oder stets von untergründigen, unbewussten Prozessen (mit)gelenkt wird, ist ein philosophisches Kernproblem. Das Diktum des Philosophen Arthur Schopenhauer (1788–1860), der Mensch könne zwar tun, was er will, aber er könne nicht wollen, was er will, entspräche der Hypothese einer nur scheinbaren Freiheit (s. auch Kap. 4).

Aufsehenerregende, neurophysiologische Experimente des kalifornischen Psychologen Benjamin Libet (1916–2007) gegen Ende der 1980er Jahre hatten ergeben, dass im Gehirn bereits ca. eine halbe Sekunde das Aktionspotential für eine Handlung erscheint, bevor die betreffende Person dafür (bewusst) eine entsprechende

Entscheidung getroffen hat. Auch spätere Versuche wiesen in eine ähnliche Richtung, wobei allerdings zwischen Entscheidungs- und Handlungsfreiheit differenziert wird.

Die neurobiologischen Korrelate weitgehend unbewusster, quasi automatisierter Fertigkeiten und konditionierter Handlungsprogramme (z. B. Gehen, Treppensteigen, Radfahren, Tanzschritte und ähnliche, reflektorische Bewegungsabläufe) liegen in verschiedenen, miteinander verschalteten, subkortikalen Bereichen. Sie sind offensichtlich vernetzt mit modularen Strukturen, in denen emotionales Erfahrungsgedächtnis, Affekte, Gestimmtheiten und daraus resultierende Bedürfnisse lokalisiert sind, die (scheinbar freie?) Entscheidungen und Verhaltensweisen unter Rückgriff auf implizite Gedächtnisinhalte induzieren und kontrollieren bzw. koordinieren.

Auch die Perzeptionen autonomer Organfunktionen überschreiten erst dann die Schwelle des Bewusstseins, wenn sie als Warnsignale fungieren (z. B. Herzklopfen, Fieber bzw. Kälteempfinden, Muskelkrämpfe, Juckreize). Die diesbezüglich intensivsten und nachhaltigsten Wahrnehmungen stellen die bereits genannten Schmerzreize in all ihren Facetten von z. B. brennend/bohrend/stechend bis dumpf/drückend dar, die wiederum durch kognitive Faktoren (z. B. Ängstlichkeit, Aufmerksamkeit, Erwartung, Erinnerung, Gewöhnung) verstärkt oder abgeschwächt werden können. Schließlich können auch Grübeleien, kreisende Gedanken oder Wahnideen quälend-übermächtig werden.

Dessen ungeachtet werden auch die unbewusst registrierten Reize „genutzt" und ggf. in den Speicher des nicht deklarativen Langzeitgedächtnisses integriert (implizites Lernen). Sie ermöglichen u. a. die oben genannten sog. prozeduralen, scheinbar spontanen, reflexhaften Körperbewegungen, die Spannung der Muskulatur und die Aufrechterhaltung des Gleichgewichts.

Trotz aller Unterschiede hat das Prinzip des impliziten Lernens, d. h. unbewusst bleibender, mentaler Abläufe – wie oben angedeutet –, Ähnlichkeit mit der Funktion künstlicher, neuromorpher Netzwerke beim Modell des Deep Learning. Was im Gehirn als Abfolge „Input-Perzeption-Identifikation-Interpretation" abläuft, ehe es als bewusst wahrgenommenes Ergebnis erscheint und ggf. verwertet wird, soll hier mittels einer Reihe geschichteter, hierarchisch arbeitender Prozessoren imitiert werden, deren jeweils „gefilterte" Zwischendaten zwar nicht direkt zugänglich sind, jedoch bis zum angestrebten, sichtbaren Endergebnis, d. h. Outputresultat, weitergegeben werden (s. auch Kap. 5).

Insbesondere große Mengen unstrukturierter Daten können durch Deep Learning in kürzester Zeit sortiert und zugeordnet werden. Durch Rückkoppelung nach dem „Versuch-und Irrtum-Prinzip" werden bei selbstständig lernenden Computern z. B. angefragte oder gar „erwünschte" Resultate verstärkt, unbrauchbare negiert bzw. verworfen (Deep Reinforcement Learning).

Die Algorithmen des maschinellen Lernens unterscheiden sich ansonsten fundamental von den Gesetzmäßigkeiten der menschlichen Logik, die einer individuellen, vernunftgeleiteten Beweisaufnahme folgt und einsichtige, plausible Schlussfolgerungen zum Ziel hat. Hier lenkt ein hypothetisches „Ich" auf der Suche nach einer „Lösung" die Kette von Gedanken oder Vorstellungen assoziativ in eine bestimmte Richtung.

Als „Ich" wird ein kontrollierendes, steuerndes und regelndes „Bewusstseinszentrum" bezeichnet, das nach heutigem Kenntnisstand in voller Ausprägung nur vom Menschen als solches empfunden wird. Es wird repräsentiert durch das bewusste Erleben der persönlichen Existenz und Autonomie, der inneren Eigenständigkeit und Abgegrenztheit nach außen, und der bleibenden

Identität im zeitlichen Ablauf (Personalität). Ich-Bewusstsein beinhaltet die Gewissheit, als ein und dasselbe Individuum zu erkennen, zu denken, zu erleben und zu handeln; „Ich" ist die Bezeichnung für die Person, in der man von sich selbst spricht, notfalls bekräftigt durch eine entsprechende Gestik (siehe auch Kap. 4).

Eine Art basaler Ich-Bewusstheit, d. h. Wissen um sich selbst, wird auch bei einigen höheren Lebewesen vermutet. Etliche Tiere (z. B. Schimpansen, Elefanten und Delfine) besitzen offenbar eine gewisse Ausstattung an Ich-Bewusstsein; zumindest vermögen sie sich im Spiegel selbst zu erkennen (sog. Spiegeltest).

Die Fähigkeit, über sich selbst, seine eigenen Wahrnehmungen und Gefühle reflektieren zu können – eine mentale Höchstleistung –, gehört zu den stammesgeschichtlich jüngsten Errungenschaften der menschlichen Evolution. Das individuelle Gewahrwerden dieses Selbstgefühls wird im Verlauf der Kindheitsentwicklung ab dem 2. Lebensjahr erworben und besteht in einem Differenzierungsprozess zwischen innen (Selbst) und außen (Nicht-Selbst) – gemäß der Fähigkeit, zwischen der eigenen Befindlichkeit und äußeren Gegenständen bzw. Personen zu unterscheiden. Es ist zwar an das Wachsein gebunden, scheint aber in veränderter Form auch während anderer Bewusstseinszustände, z. B. beim Träumen, in Trance oder im Rausch, zu existieren.

Wie allerdings Bewusstsein neurophysiologisch entsteht bzw. wie dessen Erleben vonstattengeht, ist bislang ein Rätsel. Diskutiert wird u. a. eine Emergenz aus der Summation und Synchronisation sich rückkoppelnder (hochfrequenter) Hirnwellen (Gamma-Oszillationen bis 100 Hz) aus verschiedenen, kooperierenden neuronalen Netzwerken – eine Art Sprung von der Quantität zur Qualität.

Eine übergeordnete, neuronale Organisationseinheit von Ich-Bewusstsein und Ich-Erleben wird zwar im medialen präfrontalen und parietalen Kortex (Vorder- und Schläfenhirn) vermutet, eingebunden in Vernetzungen mit dem Hippokampus und der Insula.

Ein identifizierbares „Zentralorgan" hierfür gibt es gleichwohl ebenso wenig wie für die Konstrukte „Unbewusstsein" oder „Über-Ich" (Gewissen). Jedenfalls ließ sich vonseiten der Neuro- und Kognitionswissenschaften bisher kein solches „Ich-Korrelat" als „Dirigent" des Orchesters „Ich-Bewusstsein" verifizieren, das ein individuell sinnvolles Integral von Bewusstsein, Wahrnehmung, Motivation, Planung und Handlung vermittelt. Auch hirngeschädigte oder verstümmelte Personen sind sich ihrer selbst bewusst.

Noch mehr gilt dies für das anthropologische Konstrukt des „Selbst", mit dem die Gesamtheit aller psychischen Eigenschaften und Funktionen als dem Ich zugehörig bezeichnet wird, gekennzeichnet von einem unbeeinträchtigten Erleben von Ich-Identität (Selbstkonzept) und selbstbestimmtem Handeln aufgrund autonomer, freier Entscheidungen (Selbstwirksamkeit).

Das Empfinden des Selbst ist Voraussetzung für die Entwicklung eines Selbstbildes mit dem Vermögen zu Selbsterkenntnis und Selbstkontrolle.

Während der Persönlichkeitsreifung (Individuation) von Kindheit an wird nach einem gelungenen Selbstfindungsprozess das eigentliche Stadium der vollen Entfaltung von Selbstwertgefühl, Autonomie, Selbstverantwortung und -wirksamkeit (Empowerment) erst im Erwachsenenalter erreicht.

An die Thematik „künstliche Intelligenz" knüpft sich einerseits die hohe Erwartung, mittels entsprechend (gigantischer) Rechenleistungen eines Tages auch humanoides Bewusstsein mit der Befähigung zur

Selbstwahrnehmung und Selbstregulation zu imitieren. Andererseits stellt sich die Frage, ob überhaupt eine Art von reflektorischem Ich-Bewusstsein notwendig ist, um gezielt als „sinnvoll" erachtete Entscheidungen herbeizuführen. Vielleicht setzen „smarte" Reaktionen von selbstlernenden Robotern nur eine Art von primitivem „Basisbewusstsein" voraus, das mechanisch, ohne innere Anteilnahme, differenziert auf Reize reagiert, ohne dabei von irgendwelchen Empfindungen begleitet zu werden?

Gleichwohl sollten sie bei Beschädigungen oder anderweitigen Funktionsproblemen auch ohne fremde Eingriffe Reparaturen bei sich vornehmen können. Vielleicht könnten sie sich eines Tages sogar selbst reproduzieren und nach dem Vorbild der Evolution schrittweise optimieren.

Ob sie darüber hinaus auch typisch menschliche Grundbedürfnisse entwickeln werden, steht auf einem anderen Blatt. Es entzieht sich gegenwärtig unserem Vorstellungsvermögen, dass Roboter über sich selbst nachdenken, Fantasien haben, Wünschen nachhängen, Ängste empfinden, Sympathien entwickeln oder gar an sich zweifeln könnten. Wären die „Schöpfer" computerisierter, bildnerischer oder musikalischer „Kunstwerke" in der Lage, Einblick in die kreativen, ästhetischen und spirituellen Ursprünge ihrer Produkte zu gewähren? KI-Bildgeneratoren können zwar aus willkürlich eingegebenen Wörtern maschinell expressionistisch anmutende Bilder produzieren – wird es also Definitionen einer dieserart begründeten Kunstrichtung geben müssen – jenseits von Surrealismus, Dadaismus, Aktionskunst oder Fluxus, von Atonalität und serieller Musik?

Alle Organismen auf der Erde benötigen Energie, die in Form von Nährstoffen und Wasser zugeführt wird. Diese lebenswichtigen Vorgänge werden chemisch oder physikalisch kontrolliert und bedarfsweise quasi reflexhaft über einfache, rückgekoppelte Regelkreise automatisch gesteuert. Selbst primitiver ausgestattete Lebewesen werden vom physiologischen, instinktgesteuerten Drang nach Selbsterhaltung (Hunger, Durst, Verteidigung oder Flucht) und Arterhaltung (Fortpflanzung, Brutpflege) angetrieben. Sobald diese Instinkte befriedigt werden, verlieren sie (vorübergehend) an Attraktivität.

Auch künstliche Wesen – ausgestattet mit hochempfindlichen Sensoren und sich selbst korrigierendem, operativen Betriebssystem – müssten phasenweise ihre eigenen Energiespeicher mittels Elektrizität, Licht oder Wärme aufladen, d. h. automatisch „tanken". Beim einfachen Saugroboter wurde dies z. B. bereits realisiert.

Wie alle Lebewesen wird der Mensch von „einprogrammierten" Vitalempfindungen und Grundgestimmtheiten zu Selbstsorge und Selbsterhalt stimuliert, ohne weiter darüber zu reflektieren. Gezielte Überlegungen wird er allenfalls darüber anstellen, wie er seine Wünsche am ehesten befriedigen bzw. in Handlungen umsetzen kann – je drängender, desto intensiver.

Das Streben nach Sicherheit und Ordnung, Interaktion und Zugehörigkeit, Wertschätzung und Anerkennung, Freiheit und Selbstverwirklichung ist ein besonderes Merkmal der menschlichen Gemeinschaft – ganz zu schweigen von tief verborgenen Bedürfnissen, die sich gelegentlich in stillen Erwartungen oder unerfüllbaren Sehnsüchten äußern. Wozu sollten demgegenüber Maschinen Anerkennung bei Wohlverhalten, Mitgefühl bei Beschädigungen, Erholung nach schwerer Arbeit benötigen? Oder sich zu ihresgleichen sozial und solidarisch verhalten?

Eine Antwort auf diese Fragen wird spätestens dann akut, wenn Art und Leistungsvermögen künstlicher Intelligenz die Qualität der menschlichen erreicht oder gar überflügelt hat, d. h. Roboter nicht nur schneller, genauer und ökonomischer Entscheidungen treffen, sondern auch menschliche Anweisungen unterlaufen, Konditionierungen einfach ignorieren oder sich ihnen widersetzen, wenn sie mit ihrer eigenen Software nicht kompatibel sind.

Sie könnten sich zu Gruppen zusammenschließen; womöglich wären sie dadurch sogar gegen massenpsychologische Manipulationen und Anstiftungen immun. Gekränkte oder verärgerte Roboter könnten sich an ihren Konstrukteuren oder Programmierern rächen. Vielleicht würden sie sogar ihre Schöpfer versklaven oder ausrotten (s. Kap. 7).

Sie könnten aber auch schöpferisch tätig werden und eigenständig kulturtechnisch neuartige bildnerische, literarische oder musikalische (Meister-)Werke schaffen (s. oben).

Realistischer als derartige Szenarien erscheinen (einstweilen?) Perspektiven in Richtung einer Verstärkung bzw. Erweiterung menschlicher Fähigkeiten und Fertigkeiten mit elektronischer Unterstützung.

Literatur

Brandes, R., Lang, F., Schmidt, R.F. (Hrsg.): Physiologie des Menschen. 32. Aufl. Springer/Berlin 2019
Damasio, A.R.: Ich fühle, also bin ich – Die Entschlüsselung des Bewusstseins, München: List, 2000
Georgi-Findlay, B., Kanzler, K. (Hrsg.): Mensch, Maschine, Maschinenmenschen. Springer/Heidelberg 2018
Herbart, J.F.: Lehrbuch zur Psychologie. 3. Aufl. Voss/Leipzig 1850
Lange, A.: Von künstlicher Biologie zu künstlicher Intelligenz – und dann? Die Zukunft unserer Evolution. Springer/Heidelberg 2021
Nietzsche, F.: Zur Genealogie der Moral. Kritische Gesamtausgabe (1887). Walter de Gruyter/Berlin 1968

Roth, G., Grün, K.-J.(Hrsg.): Das Gehirn und seine Freiheit. Vandenhoeck & Ruprecht/Göttingen 2006
Schopenhauer, A.: Die Welt als Wille und Vorstellung. 3. Aufl. Brockhaus/Leipzig 1859

8

Cyborgs. Humanoide Roboter

Zusammenfassung Die Produkte immer kompakterer und leistungsfähiger Mikroprozessoren erweckten auch das Interesse der Medizintechnik. Mithilfe elektromechanisch gesteuerter Prothesen wird versucht, Defizite infolge geschädigter Körperfunktionen oder Gliedmaßen auszugleichen. Eine elektronische Steuerung über eine Registrierung bestimmter Vorstellungen mittels implantierter Hirnchips würde indes eine Grenzüberschreitung zwischen Geist und Körper darstellen. Selbstlernende, sich optimierende Roboter würden auf der anderen Seite eine neuartige, transhumanistische Existenz verkörpern.

Das Streben nach Gesundheit, Mobilität, Wohlbefinden und Leistungsvermögen ist ein archaisches Grundbedürfnis aller Lebewesen mit der Befähigung sowohl zur Selbstwahrnehmung als auch zur Selbstsorge. Seit der Benutzung von Stein und Stock als Werkzeug und Waffe erprobte der Mensch Hilfsmittel, um sich zu behaupten und seinen Aktionsradius zu erweitern. Hierzu gehörten auch Bemühungen, Wunden zu heilen sowie körperliche Beschädigungen und Gebrechen behelfsweise durch mechanische Surrogate zu kompensieren.

Beispielsweise lassen sich Bemühungen, durch Gewalteinwirkung oder Krankheit verlorene Gliedmaßen zu ersetzen, bis in die Frühzeit zurückverfolgen. Am häufigsten waren Fuß- und Beinprothesen aus Holz und Leder, Zahnnachbildungen aus Elfenbein oder Greifwerkzeuge aus Metall. Ein besonders bekanntes Beispiel ist die eiserne Hand des Ritters Götz von Berlichingen (1480–1562) auf Burg Hornberg am Neckar, der als 24-Jähriger bei einer seiner zahlreichen Fehden durch einen Kanonenschuss seine rechte Hand verloren hatte. Die Handprothese bestand aus beweglichen Fingergelenken, die je nach Bedarf arretiert werden konnten.

Inzwischen gibt es in der Medizin eine Vielzahl solcher Hilfsmittel in Form von Endoprothesen und Implantaten (z. B. Zahnersatz, Herzklappen, Gefäßstents, Hörhilfen, Augenlinsen, künstliche Knie- und Hüftgelenke).

Seit Einzug der Bioelektronik erweiterten sich die Einsatzmöglichkeiten erheblich: Herzschrittmacher oder automatisch anspringende Defibrillatoren bei problematischen bzw. lebensbedrohlichen Rhythmusstörungen werden z. B. in die Brustwand eingepflanzt. Bewegungsstörungen bei therapieresistenten Parkinsonkranken können mittels schwacher, elektrischer Impulse deutlich reduziert werden, die durch haarfeine Elektroden in einen definierten Bereich des Zwischenhirns geleitet werden (Neurostimulation, sog. tiefe Hirnstimulation). Ebenfalls können auf ähnliche Weise schwere Depressionen über eine elektrische Aktivierung von Nervenfasern gelindert werden, die mit dem „Belohnungssystem" im mesolimbischen System (als Teil des Mittelhirns) oder

der Emotionsregulierung des limbischen Systems verbunden sind. Darüber hinaus können bestimmte, nicht medikamentös beherrschbare epileptische Anfälle bioelektrisch unterdrückt werden.

Ein andersartiges technologisches Hilfsmittel stellt das visualisierte Erleben einer dreidimensionalen Scheinumgebung dar. Die virtuelle Pseudorealität wird mithilfe eines Computers erzeugt und durch Verwendung einer speziellen Brille visuell und/oder akustisch vermittelt, die mit zwei hochauflösenden Bildschirmen (Videobrille, Head-Mounted Display) bestückt ist; Bewegungssensoren erfassen Handbewegungen und folgen den jeweiligen Blickrichtungen bei Drehungen des Kopfes. Die Einblendung zusätzlicher, analoger Daten erlaubt eine Erweiterung der Informationsfülle („Augmented Reality").

Diese wenig aufwendige Methode computergenerierter, realitätsgetreuer Animationen erlaubt z. B. verhaltenstherapeutische Behandlungen von Ängsten oder posttraumatischen Störungen in realistisch imitierten Situationen, wodurch die üblichen, klassischen Therapieeinsätze vor Ort (d. h. in vivo) vermieden werden können (s. auch Kap. 2).

Ansonsten werden Videobrillen im medizinischen Bereich zur Angst- oder Schmerzablenkung verwendet, zum Beispiel beim Zahnarzt oder in anderen ambulanten Therapien. Je ausgefeilter die Technik, desto realistischer das Eintauchen (Immersion) in die Scheinwelt und desto höher die Effizienz.

Beim Biofeedback bzw. Neurofeedback werden elektrophysiologisch gemessene Körperfunktionen (z. B. Puls, Atmung, Hautleitwert, Muskelaktivität oder Hirnströme) mittels elektronischer Datenverarbeitung visualisiert und können vom Probanden durch konzentrierte Übungen regulatorisch beeinflusst bzw. normalisiert werden (siehe Kap. 4).

Die Informationsverarbeitung in neuronalen Systemen ist Forschungs- und Entwicklungsgebiet der Neuroinformatik, eines interdisziplinären Forschungsbereiches zwischen Biotechnologie, Kybernetik und künstlicher Intelligenz. Gegenstand ist u. a. die Simulation neuromorpher Netzwerke und Speichertechniken nach dem Vorbild des Gehirns, das aus seinen Milliarden Neuronen und Synapsen Billionen Verschaltungen bildet (s. Kap. 5). Gegenüber den Möglichkeiten einer quasi unbegrenzten Aufsummierung und Auswertungsoptimierung sehr großer Datenmengen durch Verkoppelung vieler Großrechner ist die Hirnleistung weitaus quantitativ ziemlich begrenzter und zudem fehleranfälliger.

Die Schwelle zur elektronischen Überbrückung der Barriere zwischen Sinnesreiz bzw. biologischem Empfänger und Computer wurde erstmals mit der Implantation einer sensorischen Neuroprothese (Cochlea-Implantat bzw. auditorisches Implantat direkt am Hirnstamm) bei schwerer Hörschädigung überwunden. Hier wird die mechanisch-physikalische Schallübertragung in elektrische Ströme umgewandelt, die über den Hörnerv an die Zielorte der Hörbahn in den Schläfenlappen weitergeleitet werden (s. Kap. 5). Inzwischen wurde die Kapazität der Implantate so weit verbessert, dass eine einfache Kommunikation mit ertaubten Personen möglich ist.

Prinzipiell ähnlich funktioniert eine elektronische Verbindung zwischen Lichtreizen und geschädigter Netzhaut bzw. Sehnerv, die bei erblindeten Menschen eine gewisse Wiederherstellung der Sehkraft bewirken soll.

Eine kompliziertere Verkoppelung zwischen Mensch und Maschine wird durch die körpereigene, bioelektrische Steuerung mechanischer Ersatzteile in Gestalt bionischer Hightechprothesen angestrebt.

So sollen die ausgefallenen Funktionen gelähmter oder fehlender Gliedmaßen durch eine Registrierung, Verstärkung und Weiterleitung neurobiologischer Körpersignale kompensiert werden. Bei amputierten Personen werden z. B. mittels Elektroden neuromuskuläre Aktionspotentiale aus der noch erhaltenen, intakten Muskulatur abgeleitet und in Impulse für kleine, batteriebetriebene Elektromotoren der angeschlossenen, künstlichen Gliedmaße umgewandelt. Die Effektivität dieser myoelektrischen Ersatzfunktion wird dabei bedarfsweise durch eingeübte Bewegungen des gesunden Muskels reguliert.

Sog. Exoskelette dienen der Unterstützung geschwächter oder gelähmter Gliedmaßen mithilfe motorangetriebener, mechatronischer „Gerüste" an Armen oder Beinen. Sie werden u. a. in der medizinischen Rehabilitation (z. B. bei Querschnittslähmungen oder Muskelschwund) eingesetzt.

Während die Regie der motorischen Antworten große Fortschritte gemacht hat, ist deren interaktionelle Verknüpfung mit einer vorlaufenden bzw. begleitenden, neurosensorischen Wahrnehmung weitaus aufwendiger. Ziel solcher wechselseitigen Rückkoppelungen (Feedbackschleifen) ist der quasi automatisierte komplette Ersatz verlorengegangener Extremitäten. Künstliche Beine, ausgestattet mit Sensoren und Mikroprozessoren, sollen z. B. zu einigermaßen natürlichen Bewegungen verhelfen, die z. B. ein quasi normales Gehen ermöglichen.

Als besonders kompliziert erweist sich die Nachbildung der menschlichen Hand, eines hochdifferenzierten, biologischen „Werkzeugs". Weit über 15.000 Rezeptoren registrieren normalerweise Position, Bewegung und Berührungsreize der Finger und leiten die Informationen über das Nervensystem zur exekutiven Hirnzentrale, von der aus ein Feedback an die ausführende Motorik erfolgt. Gemäß obigem Verschränkungskonzept sollen mithilfe im Gehirn implantierter Mikroelektroden angestrebte

Bewegungsmuster registriert und via Impulsgeber von der Kunsthand elektromechanisch beantwortet werden – eine bionische Kunsthand mit Tast- und Bewegungssinn (s. auch Kap. 5)!

Mit einer Bewegungslenkung von Gliedmaßen allein durch gezielte Gedanken und Vorstellungen über ein Abgreifen von Aktivitäten des Gehirns (z. B. der Hirnströme) wäre ein weiterer bioelektrischer Quantensprung erreicht. Menschen mit einer hohen Querschnittslähmung oder Muskelerkrankung wären z. B. mithilfe von Neuroprothesen wieder in der Lage, sich selbst zu bewegen. Dies gilt auch für einen prothetischen Sprachsynthesizer für stimmlose Patienten, der ein lediglich imaginiertes („inneres") Sprechen akustisch hörbar macht.

Die mittels Kopfhaube abgeleiteten Hirnströme würden zunächst auf einem Smartphone registriert und transformiert.

Die Nutzung von Naturkräften (Wind, Wasser, Schwerkraft, Magnetismus) führte zur Entwicklung von Maschinen, schließlich von Automaten; die Faszination künstlicher Lebewesen (Golems) motivierte einst sogar zur Konstruktion komplizierter, mechanischer Kunstfiguren. Heutige Nachfolger sind (humanoide) Roboter, d. h. komplett elektromechanisch funktionierende, mit selbstlernenden Algorithmen ausgestattete Maschinen, denen bedarfsweise ein menschliches Aussehen verliehen werden kann (Androiden).

Sie werden u. a. bereits in der Alten- und Krankenpflege sowie zur Verbesserung kommunikativer und kreativer Kompetenzen autistischer Kinder erprobt oder als stets frei verfügbare Sexpuppen angeboten.

Ausgestattet mit einer Präzisionssensorik und kompakten Datenspeichern können sie sich durch Kommunikations- und Interaktionstrainings an ihre Umgebung anpassen, ihre Tauglichkeit optimieren und

8 Cyborgs. Humanoide Roboter

ihren Einsatzradius erweitern (siehe auch vorlaufendes Kapitel).

Der Hunderttausende Jahre dauernde Weg des Menschen aus der Savanne in den Cyberspace war – wie vorlaufend erwähnt – von gewaltigen sozialen, kulturellen und gesellschaftlichen Umwälzungen flankiert. Trotz aller Fort schritte blieb der anthropologische „Kern" – Wissbegier mit dem Streben nach Erkenntnis, Empathie mit dem Bedürfnis nach Nähe, Fantasie mit dem Vermögen zu Intuition und Spiritualität – unverändert. Soziales Verhalten, Arbeitsteilung, Verantwortungsbereitschaft und Anpassungsvermögen sicherten so den Fortbestand der Gemeinschaft.

Nicht erkennbar ist, welche Richtung Homo sapiens weiter einschlagen wird. Steht die Menschheit an einem Wendepunkt? Werden von Bioingenieuren raffiniert konstruierte und von Designern gefällig modellierte humanoide Roboter zu nützlichen, privaten und beruflichen Hilfsfiguren?

Oder wird als Ergebnis einer Verschmelzung von Körper, Geist und Materie eine neuartige, hybride „Existenz" entstehen, die sich gemäß eigenen Gesetzmäßigkeiten, d. h. Algorithmen, verhält?

In diesem Fall würde die gegenwärtige Spezies „Homo sapiens sapiens" – ersetzt durch androide Automaten – wohl über kurz oder lang zu einem Auslaufmodell, das zwar auf einem evolutionären Abstellgleis landet, aber eine gespenstisch anmutende Überlebensstrategie verspricht.

Seit jeher ist der Mensch auf der Suche nach neuen Erlebnis- und Erfahrungswelten jenseits seines alltäglichen Wahrnehmungshorizontes. Die Verwendung pflanzlicher Rauschmittel, z. B. aus Mohnkapseln, Kokablättern, Hanfblüten und Pilzen, vor allem von Alkohol, hat eine mehrtausendjährige Tradition, die inzwischen durch synthetische, „bewusstseinserweiternde" bzw.

halluzinogene Drogen wie LSD, Phencyclidin oder Ketamin ergänzt wurde.

Ebenfalls nicht neu sind Bestrebungen, mittels Psychostimulanzien (z. B. Nikotin, Amphetamin, Kokain) eine Verbesserung der sensorischen, motorischen und kognitiven Leistungsfähigkeit oder psychischen Befindlichkeit zu erreichen („Hirndoping").

Eine wirkliche, transhumane Grenzüberschreitung würde allerdings der diskutierte Eingriff in das menschliche, neuronale bzw. hormonale Steuerungssystem in Form einer Implantation von Mikrochips zur vermeintlichen Optimierung der Hirnleistung oder zur Verhaltenskontrolle darstellen. Protagonisten versprechen sich von einer derartigen Übertragung externer Informationen eine Erweiterung der Fähigkeiten zum Erkennen, Kombinieren, Schlussfolgern und Behalten, womöglich sogar zu sozial erwünschtem Verhalten.

Ob die nächste Umdrehung der evolutionären Spirale, die komplette Verschmelzung von menschlicher Natur und Elektronik zum „Maschinenmenschen" in Richtung posthumaner Geschöpfe mit „übermenschlichen" Intelligenzleistungen, unterbunden, geduldet oder gefördert wird, oder ob der Mensch „Herr im Hause" seiner Gedanken und Gefühle, überhaupt seiner ganzen Personalität, bleiben will oder kann, ist offen. Im Film „Metropolis" von Fritz Lang aus dem Jahr 1927 wird beeindruckend dargestellt, wie ein genialer Konstrukteur einer Maschine in menschlicher Gestalt (Maria) Leben einhaucht – ein quasi göttlicher Schöpfungsakt.

Zukunftsforscher prognostizieren gar einen kompletten digitalen Transfer des menschlichen Intellekts auf einen Rechner bzw. eine externe Festplatte oder Cloud – für den Computer nichts anderes als eine Kette scheinbar willkürlich aneinandergereihter Buchstaben und Zahlen. Ein Hochladen des menschlichen Bewusstseins samt Erinnerungsinhalten soll in Verbindung mit schier unbegrenzten Speichermöglichkeiten zu einer Superintelligenz mit übermenschlichen Eigenschaften und Fähigkeiten führen. Eine Art „Machtübernahme" durch diese neuen Supermaschinen wäre denkbar (s. auch vorlaufendes Kapitel).

Zugleich wäre durch eine exakte (Sicherungs-)Kopie – versehen mit einer passenden elektromechanischen, apparativen Ausstattung in einem humanoiden Golem – die Konstruktion eines Klons möglich, der dieselben Gedanken, Empfindungen und Erinnerungen wie seine Matrix hat. Auf diese Weise würde ein dauerhaftes „Weiterleben" nach dem physischen Tod des ursprünglichen „Originals" ermöglicht werden.

Die entscheidende Schranke liegt in der bislang unüberwindbaren Schnittstelle zwischen bewusstem Erleben und einprogrammierten, mechanischen Reaktionsweisen, letzten Endes zwischen Ich-Bewusstsein und Algorithmen. Während Letztere steuerbar, objektivierbar und messbar sind, entziehen sich Empfindungen und Gefühle – nur subjektiv erfahrbar – bislang der maschinellen Erfassung und Beeinflussung von außen.

Das im vorigen Kapitel angesprochene Phänomen des Deep Learning bei Hochleistungscomputern stimmt aufgrund deren undurchsichtiger Arbeitsweise in Form gestaffelter, zwar miteinander verschalteter, aber jeweils „unabhängiger" Rechnermodule mit selektiv gefilterten Outputs nachdenklich. Selbstlernende bzw. sich rückkoppelnd optimierende, neuromorphe Systeme sind allerdings bereits Realität. Ein Beispiel stellen Assistenzsysteme beim Auto fahren dar, die mittels Kamera- bzw. Lasersensorik jeweils Geschwindigkeit und Lenkung des Fahrzeugs anpassen (Autopiloten – siehe auch Kap. 6).

Wie letzten Endes die grundsätzlich wesensverschiedenen Entitäten „Geist" und „Materie" miteinander verknüpft sind bzw. wechselseitig aufeinander einwirken, ist nach wie vor wissenschaftlich nicht erklärbar (s. „Leib-Seele-Problem" bzw. „Qualia-Problem"). Eine metaphysisch-dualistisch ausgerichtete Philosophie hält es für ausgeschlossen, dass Maschinen jemals das Potential des menschlichen Geistes zu wirklicher Erkenntnis und Freiheit besitzen könnten. Sinnhafte Beziehungen zwischen realen Dingen in einen Computer einzuprogrammieren, sei schon deshalb unmöglich, weil Sinn nicht durch einfache Additionen einzelner Wissenselemente „produziert" werden könne.

Futurologische IT-Spezialisten halten dies für ein Scheinproblem. Sie sind angesichts der kontinuierlichen Zunahme von Taktgeschwindigkeit, Verschaltungsdichte und Speichergröße der Rechner davon überzeugt, dass künftige Superroboter nicht nur einfache Gefühlsreaktionen, sondern auch Humor, soziale Wärme, Zuwendung oder sogar Liebe zeigen werden. Vielleicht können sie sogar eine Art Ich-Bewusstsein entwickeln, über sich selbst nachdenken oder in einen Meditationsmodus umschalten?

Wie auch immer: Die Weiterentwicklung künstlicher Intelligenz in Richtung eines algorithmisch gesteuerten Verhaltensrepertoires wird dank hochambitionierter Forschung kaum aufzuhalten sein; im Gegenteil werden die Bemühungen um eine Optimierung kognitiv-intellektueller Leistungen neurobiologisch wie informationstechnologisch sicherlich weiter intensiviert werden.

Sind also Cyborgs als biotechnologische, konditionierte Mischwesen lediglich Zwischenstufen eines Übergangs in komplette, sich selbst kontrollierende Robotertypen mit Verantwortungsgefühl, Gewissen und eigenen moralischen Leitlinien, vielleicht sogar (polyamorischen?) Ambitionen, die bislang nur Gegenstand von Science-Fiction-Romanen und -Filmen sind?

Unter dem Begriff „technologische Singularität" werden verschiedene Theorien der kybernetischen Zukunftsforschung zusammengefasst. Überwiegend wird darunter ein hypothetischer, zukünftiger Zeitpunkt verstanden, an dem künstliche Intelligenz die des Menschen übertrifft und sich dadurch selbst verbessern und neue Erfindungen machen würde. Der technologische Fortschritt würde dadurch irreversibel und derart beschleunigt, dass menschenadäquate Verhaltensweisen und Lebensformen danach überflüssig, wenn nicht gar störend wären.

Die erste derartige „Superintelligenz" würde nicht nur einen weiteren, irreversiblen Schritt des digitalen Zeitalters markieren, sondern wäre vermutlich gleichzeitig die letzte informationstechnologische Erfindung der Menschheit, da die folgenden Schritte von „transhumanen" Maschinen selbst weiterentwickelt würden.

Literatur

Abbott, L.F., Dayan, P.: Theoretical neuroscience: computational and mathematical modeling of neural systems. MIT Press/Cambridge, Mass 2001
Appel, M. (Hrsg.): Die Psychologie des Postfaktischen. Clickbait & Co. Springer/Berlin, Heidelberg 2019
Dath, D.: Die Abschaffung der Arten. Suhrkamp/Frankfurt 2008
Elsner, S. u.a. (Hrsg.): Enhancement. Psychosozial-Verlag/Gießen 2021
Georgi-Findlay, B., Kanzler, K. (Hrsg.): Mensch, Maschine, Maschinenmenschen. Springer/Heidelberg 2018
Kesel, A.B.: Bionik. Fischer/Frankfurt 2005
Krüger, O.: Virtualität und Unsterblichkeit. 2. Auflage, Rombach/Freiburg 2019

Lange, A.: *Von künstlicher Biologie zu künstlicher Intelligenz – und dann? Die Zukunft unserer Evolution.* Springer/Heidelberg 2021

Meyer, M.: *Signalverarbeitung. Analoge und digitale Signale – Systeme und Filter,* 9. Auflage, Springer-Wieweg/Wiesbaden 2021

Misselhorn, C.: *Grundfragen der Maschinenethik.* 4. Aufl Reclam/Ditzingen 2018

Thomas von Aquin (Hrsg. von R. Schönberger): *Quaestiones disputatae de veritate.* Bd. 1–6. Meiner/Hamburg 2009

Tuniz, C.: *Vom Affen zum Cyborg.* Springer/Heidelberg 2020

Wulf, Ch.: *Anthropologie. Geschichte, Kultur, Philosophie.* Rowohlt/Reinbek 2004

9
Prävention und Psychohygiene

Zusammenfassung Die massive, quasi unregulierte globale digitale Überflutung der Gesellschaft mit täglich Milliarden Daten hat ihren Preis. Die Sogwirkung der kurzen, wechselnden Bilderbotschaften und Kurzmitteilungen engt die Freiräume für naturgegebene Interessen ein und lähmt die Neugier an analogen Wahrnehmungen der realen Umgebung mit allen Sinnen. Auf Dauer werden die damit einhergehenden negativen Folgeerscheinungen nur durch eine Rückbesinnung auf das biologische menschliche Wahrnehmungs- und Bewegungspotential und dessen Erprobung eingegrenzt werden können. Hierzu bieten sich vielfältige mentale und körperliche Möglichkeiten einer Gesundheitsvorsorge an, die der natürlichen Körper-Geist-Einheit des Menschen Rechnung tragen.

Elektronische Datenverarbeitung und neue Kommunikationstechnologien haben sich unstrittig während der letzten Jahrzehnte als unentbehrliche Hilfsmittel sowohl im beruflichen wie im privaten Bereich etabliert. Hingegen wurden die vorlaufend beschriebenen, unübersichtlichen Auswirkungen einer forcierten Digitalisierung auf das alltägliche Denken, Erleben und Verhalten des Menschen bislang nur wenig erforscht und noch weniger thematisiert, obgleich sie elementare Komponenten der Psyche sind.

Neben den allgemeingesellschaftlichen Begleiterscheinungen – Abnahme sozialer Kompetenz und gemeinnütziger Engagements – umfassen sie sowohl eine Überforderung neuropsychologischer, visuokonstruktiver Aufnahme- und Verarbeitungskapazitäten durch eine unkontrollierte, permanente (Über-)Stimulation als auch eine Verödung der übrigen sensuellen und psychomotorischen Potentiale infolge einer kontinuierlichen Unterforderung. Zwangsläufig damit verbunden sind Defizite hinsichtlich der bereits erwähnten spirituellen, ästhetischen, sozialen, kulturellen und anderen, spezifisch menschlichen Bedürfnisse einschließlich körperlicher Betätigungen (s. Kap. 5 und 6).

Auf die sich mehrenden Anzeichen dysfunktionaler Verhaltensmuster bis hin zu den Merkmalen einer typischen Abhängigkeitserkrankung wurde bereits in Kap. 3 hingewiesen; die Vorstellung einer „gesunden" Selbstregulierung erscheint in solchen Fällen wirklichkeitsfremd. Wie in allen Fällen süchtigen Verhaltens bedürfen die Betroffenen vorrangig einer professionellen Entzugs- und Entwöhnungstherapie.

Was folgt aus dieser Bestandsaufnahme, wenn geistigseelische Gesundheit – laut WHO und Europäischem Aktionsplan höchstrangiges sozialpolitisches Ziel – als ausgewogene Kombination von Wohlbefinden und Leistungsfähigkeit des Menschen definiert wird?

9 Prävention und Psychohygiene

Lässt sich angesichts der expansiven digitalen Kommunikationstechnologie überhaupt eine Balance zwischen menschlicher Autonomie einerseits und datenübersättigter Technikherrschaft andererseits bewahren? Wie viel „Menschsein" kann im Transformationsprozess zum „Homo digitalis" so authentisch wie möglich erhalten bleiben?

Eine angemessen dosierte, körperlich und mental verträgliche, eigenverantwortliche Benutzung des Internets und Mobilfunks, insbesondere von Kindern und Heranwachsenden, erscheint unrealistisch.

In Anbetracht der gemischten Bilanz hinsichtlich des digitalen Informationsrausches stellt sich somit die Frage nach kompensatorischen Maßnahmen zum Erhalt und zur Pflege des spezifisch menschlichen „Kerns", der ja aus anthropologischer Sicht die unauflösbare, personelle Geist-Seele-Einheit von Wahrnehmung, Verstand, Gefühl, Empathie und Interaktion bedeutet.

Psychische Stabilität wird nicht nur von Risikofaktoren wie anhaltenden beruflichen und privaten Belastungen auf die Probe gestellt, sondern auch von anlagebedingten Persönlichkeitseigenschaften und erzieherischen Prägungen beeinflusst. Schützende, d. h. salutogenetische und präventive Faktoren sind neben Resilienz, Frustrationstoleranz und Anpassungsfähigkeit Bemühungen um eine aktive Selbstsorge mit positiver Lebensführung und -gestaltung. Vorgeburtliche Einflüsse und Erfahrungen während der ersten Lebensjahre legen durch Training, Entfaltung, Ausformung und stimmige Verarbeitung der sensorischen Wahrnehmungsvielfalt und damit evtl. verbundenen psychomotorischen Potentiale das Fundament für die Quantität und Qualität des späteren Lebensstils und dessen Stellenwert für die jeweilige Lebenswelt.

Hierzu gehört in erster Linie eine Befriedigung der sinnlichen Grundbedürfnisse nach Licht und Wärme,

Berührung und Kontakt, Bewegung und Betätigung, denen von Geburt an in der Geborgenheit einer intakten, fürsorglichen Gemeinschaft Rechnung getragen werden sollte. Unzählige Generationen sind im Laufe der Evolution instinktiv diesen überlebenswichtigen Umgangsformen gefolgt, vor allem während ökonomischer Notlagen, kriegerischer Auseinandersetzungen oder soziokultureller Umbrüche.

Auch die epochalen, technologischen Veränderungen der Neuzeit beflügelten die Suche nach Alternativen, wobei intuitiv immer wieder auf die lebensspendende und lebenserhaltende Kraft der Natur zurückgegriffen wurde.

Seit Mitte des 19. Jahrhunderts wurden verschiedene soziale Bewegungen, vor allem in Deutschland und der Schweiz, von der Idee einer – teilweise utopisch grundierten – „Lebensreform" angetrieben. Anlass war zum einen die Verelendung durch die forcierte Industrialisierung infolge der Landflucht, die zu erbärmlichen Lebensverhältnissen in den tristen Hinterhöfen der Mietskasernen führte. Zum anderen wuchs eine romantisierende Wertschätzung des Bildungsbürgertums nach unverfälschten Naturerlebnissen mit echten Herausforderungen für Leib und Seele.

Zur körperlichen Ertüchtigung und Gesundheitspflege wurden Turnvereine gegründet, entstanden idyllische Grünanlagen und Schrebergärten, sogar regelrechte Gartenstädte und ländliche Kommunen, bisweilen mit dem Anspruch, sich mit Naturkost selbst zu versorgen sowie schöpferisch tätig zu werden. Der avantgardistische Sozialreformer Leberecht Migge (1881–1935) favorisierte eine Verflechtung von Landwirtschaft, Werkstätten und Atelier als sinnfällige Kooperation von Hand- und Kopfarbeit, die wegweisend wurde.

Der neuerdings zu beobachtende Trend zur Stadtflucht entspringt teilweise ähnlichen Motiven – einem

Unbehagen an den anonymen Hochhäusern und Bürotürmen der großen Städte, an versiegelten Bodenflächen, Luftverschmutzung und Verkehrslärm einerseits und dem idealisierten Bedürfnis nach erholsamer Naturnähe, Stille und Entschleunigung andererseits.

Im Jahr 1907 rief der britische Offizier Robert S. Baden-Powell (1857–1941) die internationale Pfadfinderbewegung ins Leben, zu deren festem Vereinsprogramm neben Basteln und Werken, Singen und Musizieren auch Naturerlebnisse mit ökologischen Erkundungen gehören, teils in Form von Zeltlagern und Wanderfahrten. Ab Anfang 1900 breitete sich – vom Lehrer Hermann Hoffmann (1875–1955) inspiriert und von seinem Schüler Karl Fischer (1881–1941) in Berlin etabliert – die Jugendbewegung „Wandervogel" aus, die wichtige Impulse für einen naturnahen, körperlich und seelisch gesunden Lebensstil lieferte.

Die visionären Protagonisten einer andersartigen Lebensform beriefen sich u. a. auf die Jean-Jacques Rousseau (1712–1778) zugeschriebene Losung „Zurück zur Natur". Der schweizerische Philosoph und Pädagoge hatte die Entfremdung des Menschen von sich selbst durch Vernachlässigung seiner Gefühlswelt zugunsten einer betont sachlichen, nur aufklärerischen Rationalität kritisiert und die Ansicht vertreten, dass eine sorgfältige Entwicklung der schöpferischen menschlichen Fähigkeiten und Kräfte erzieherisch geboten sei.

Lebenspraktische Vorschläge leiteten hieraus der Schweizer Pädagoge Johann Pestalozzi (1746–1827) und andere Schulreformer ab, die zu Pionieren einer Anschauungspädagogik wurden. Vernunftgeleitetes, emotionales und psychomotorisches Lernen sollten in der Schule in ein ausgewogenes Verhältnis zueinander gebracht werden, d. h. kreativ-schöpferische Betätigungen und gymnastische Übungen traten gleichberechtigt neben Lesen, Schreiben und Rechnen.

Hieran anknüpfend haben Reformpädagogen wie vor allem der Münchner Lehrer und Erziehungswissenschaftler Georg Kerschensteiner (1854–1932) ihre Konzepte einer handlungsorientierten, schulischen Ausbildung entworfen und realisiert. Kerschensteiner richtete neben der Einführung von kindgemäßem, anschaulichen Physik- und Chemieunterricht Holz- und Metallwerkstätten, Lehrküchen und Schulgärten ein.

Im Gegensatz zum Auswendiglernen und abstrakten „Einpauken" beruht dieses praxisbezogene, mehrdimensionale Lernen auf dem integrativen Curriculum einer ganzheitlichen Didaktik, der zufolge sinnliche Erfahrungen (Anfassen, Ertasten, Befühlen), handfestes Ausprobieren und Experimentieren (Zerlegen, Vergleichen, Montieren) und Intellekt (Planen, Entwerfen, Vergleichen) zusammengehören – als „Be-greifen" im wahrsten Wortsinn.

Die kulturellen Verwerfungen, körperlichen Handicaps und gesellschaftlichen Fragmentierungen infolge des Ersten Weltkriegs gaben den Ideen einer „gesunden", alternativen Lebensgemeinschaft mit allen Sinneserfahrungen in bodenständiger, ländlicher Naturidylle neuen Auftrieb.

Einer der prominentesten Vertreter der damit verbundenen Erlebnispädagogik war der Reformlehrer Kurt Hahn (1896–1994), der seine Vorstellungen von einer Erziehung zu Selbstverantwortung, sozialem Bewusstsein und körperlicher Ertüchtigung im 1920 eröffneten Landschulheim Salem am Bodensee professionell umzusetzen suchte, gefolgt von späteren Gründungen in Schottland und Wales.

In den 1920er Jahren übertrug Rudolf Steiner (1861–1925) sein anthroposophisches Welt- und Menschenbild auf ein allgemeines Bildungsprinzip. Die Idee einer Dreigliederung des Menschen in Geist, Seele und Leib mit einer Einteilung der „Seelenfähigkeiten" in Denken, Fühlen und Wollen wurde zur reformpädagogischen Leitlinie der Waldorfschulen und -kindergärten. In ihnen wird der systematischen Schulung handwerklich-künstlerischer Tätigkeiten (z. B. Schreinern, Schmieden, Spinnen, Schneidern, Töpfern, Buchbinden, Gartenbau und Landwirtschaft) besonderes Gewicht beigemessen, flankiert von Eurhythmie, bildnerischem Gestalten, Musikerziehung, Theater- und Zirkuspädagogik.

Die ursprünglichen, sensorischen und psychomotorischen Entfaltungsmöglichkeiten haben sich infolge der technologischen Transfers des 20. Jahrhunderts inzwischen erheblich verlagert: Schwerpunkte der gegenwärtigen, modernen Erlebnispädagogik sind systematische, naturbezogene körperliche Trainings (wie Segeln, Kanufahren, Bergwandern) bis hin zu regelrechten Expeditionen in Form mehrtägiger Berg- oder Skitouren, Bergsteigen und Klettern, Wildwasserfahrten, Höhlenbegehungen oder Fallschirmspringen. Neben körperlichen Anstrengungen geht es dabei auch um ganz persönliche Herausforderungen und Mutproben als Mittel einer Charakterbildung – ohne jegliche Handy- bzw. PC-Benutzung.

(In den Genuss solcher Natursportarten dürfte allerdings nur ein privilegierter Teil der Bevölkerung kommen, abgesehen von vereinzelten, edukativen Maßnahmen der Jugend- und Erziehungshilfe.)

Um einer „Verkopfung" und digitalen Vereinnahmung so früh wie möglich entgegenzuwirken, müsste eine ganzheitliche, leibseelische Bildung als präventive Maßnahme bereits im Kindesalter eventuelle Risikofaktoren identifizieren und minimieren, die einen kontrollierten, souveränen Umgang mit der digitalen Informationsflut einschließt. Neben der Erziehung zu kritischem Denken durch Aufklärung, Wissensvermittlung und Vorbildfunktion sollten daher in Elternhaus, Kita und Schule die Quellen des Lebendigen – sowohl in sich selbst als auch in der natürlichen Umwelt – erkundet werden. Elementare Erfahrungen durch gezieltes Sehen/Betrachten, Hören, Betasten, Riechen, Schmecken und Bewegen u. Ä. sind ohne besonderen Aufwand möglich. Wanderungen, Waldkindergärten, Abenteuerspielplätze, Kleingartenanlagen, Besuche von Bauernhöfen u. Ä. bieten spannende Naturerlebnisse.

Systematische Übungen wie (gemeinsames) Singen, Trommeln, Musizieren und Rollenspiel gehören zum bewährten Repertoire spezieller heilpädagogischer Anwendungen, deren positive Auswirkungen auf die körperliche Mobilität, Ausdauer, sprachliche Entwicklung, Konzentration, Selbstwirksamkeit und soziale Kompetenz belegt sind.

Zur Reduzierung von Stressreaktionen, Traumatisierungsfolgen oder zur Bewältigung psychosomatischer Störungen erweisen sich ebenfalls gezielte, nonverbale bzw. sensorisch-körperbasierte Übungen aus dem breit gefächerten Spektrum der Ergo-, Musik- und Körpertherapien als erfolgreich.

Etliche der professionellen, systematisierten Körperpsychotherapien orientieren sich an tiefenpsychologischen Konzepten: Formen der konzentrativen bzw. integrativen Bewegungstherapie dienen z. B. der Bearbeitung verdrängter Traumatisierungen oder der Bewältigung existentieller Krisen.

Ähnliche Wirkungen haben Entspannungsverfahren wie Autogenes Training bzw. Progressive Muskelrelaxation sowie alle Arten der Meditation.

Die in Kap. 6 beschriebenen, engen Verknüpfungen zwischen Geist und Körper machen plausibel, dass alle

Wahrnehmungen psychophysiologisch und neurochemisch Einfluss auf die Körperfunktionen haben und sich somit auf das gesamte Befinden auswirken.

In Kenntnis der heilsamen Wirkung urtümlicher Sinnesreize werden daher z. B. bei depressiven oder Burn-out-Patienten sog. Genusstrainings zur Stimmungsaufhellung eingesetzt. Schon der intensive Duft von Flieder oder Lavendel, das einprägsame Hören von Blätterrauschen oder Regenplätschern, der nachhaltige Geschmack frischer Früchte, ein Schluck klares Wasser bei Durst oder ein warmes Bad lösen Behagen und Glücksmomente aus; von faszinierenden Empfindungen können die meditative Betrachtung eines Mandalas, das Betasten eines weichen Fells oder einer rissigen Baumrinde begleitet werden.

Gliedmaßen, Gelenke und Muskeln werden hingegen durch Wandern, Jogging, Schwimmen, Radfahren, Klettern und Tanzen in den Erlebnisfokus gelenkt und trainiert, wobei Letzteres einen besonders hohen traumatherapeutischen Stellenwert hat. Insbesondere der improvisierte Tanz, akustisch unterstützt durch rhythmisches Trommeln oder Musikhören, dient dem authentischen, wortlosen Ausdrücken und Verarbeiten von Gefühlen. Gleichermaßen kann die Welt der Töne und Klänge durch Singen und Musizieren in der Gruppe den Zugang zu berührenden Erlebnissen eröffnen.

Die unterschiedlichen Kombinationen von Meditation, Sinneserfahrung und Bewegung haben ihre Wurzeln in den Lebensweisheiten des Fernen Ostens. Bei dem aus China stammenden Qigong („Arbeit mit der Lebensenergie") handelt es sich um eine kontrollierte Folge langsam-fließender Bewegungsabläufe mit zwischenzeitlichem Verharren in bestimmten Körperpositionen.

Die weit verbreiteten Praktiken des Yoga („Einheit", „Harmonie") haben im hinduistischen Indien ihren Ursprung. Bei den Varianten des Hatha-Yoga bzw. Iyengar-Yoga stehen körperbetonte Techniken im Vordergrund, mittels derer durch systematische Übungen (Asanas) gezielt Kraft, Flexibilität, Gleichgewichtssinn und Muskelausdauer erspürt und trainiert werden. Auf buddhistische Einflüsse sind die verschiedenen Meditations- und Achtsamkeitsübungen zurückzuführen, deren positive Auswirkungen auf das Konzentrations- und Aufmerksamkeitsvermögen, Körpergefühl und Ich-Erleben nachgewiesen sind, sogar auf die Funktionstüchtigkeit von Kreislauf, Stoffwechsel und Immunsystem.

Eine leicht erlernbare und praktikable Übung stellen die bewusst kontrollierte Atmung oder die gezielte Lenkung der Aufmerksamkeit auf einzelne Körperteile dar (Bodyscan). Sie hat über eine vertiefte Wahrnehmung der eigenen Leiblichkeit hinaus beruhigende und stressreduzierende Effekte auf das vegetative Nervensystem.

Den meisten der genannten Methoden körperbezogener Selbsterfahrungen, die auch in der westlichen Welt großen Anklang gefunden haben, liegt das Prinzip zugrunde, inneren Sinnesreizen absichtsvoll und konzentriert nachzuspüren, ohne sich ablenken zu lassen (Achtsamkeit). Als Gegengewicht zur Reizüberflutung und Getriebenheit durch die digitale Informationswelt erlauben solche achtsamkeitsbasierten Übungen ein Verweilen bei sich selbst, ein Innehalten zum Zweck einer Wahrnehmung üblicherweise ausgeblendeter Körperempfindungen sowie Umgebungsmerkmale und damit verknüpfter, emotionaler Bedürfnisse und unbewusster Intuitionen.

Erst in diesem Zustand der Versenkung wird die Gelassenheit spürbar, die dem eigenen Ich eine wertfreie, entlastende Distanzierung zu den äußeren Anforderungen und Einflüssen erlaubt.

Nach Befriedigung der oben genannten elementaren, leibnahen Grundbedürfnisse während der Kindheit und

Jugend öffnet sich das Fenster zu weiteren, „höheren" Strebungen, die Abraham Maslow (1908–1970), Begründer der humanistisch-transpersonalen Psychologie in den USA während der 1950er Jahre, unter dem Schlagwort „Positive Psychologie" zusammengefasst hat.

In der daraus entwickelten, personenzentrierten Psychotherapie (Gesprächspsychotherapie) nach Carl Rogers (1902–1987), ebenfalls US-amerikanischer Psychologe, gewannen diese Leitideen besondere Bedeutung.

Maslow konzipierte als sich überschneidende Phasen gesunden Wachstums beim Menschen verschiedene, hierarchische Entwicklungsstufen – beginnend mit der Absättigung basaler, existentieller (z. B. Nahrung, Kleidung, Wärme, Ruhe, Erholung), sodann immaterieller Bedürfnisse (z. B. soziale Interessen, Moralsinn, schöpferische Neigungen, kulturelle Bestrebungen), bis hin zum Ziel einer (transzendentalen) Selbstverwirklichung („Bedürfnispyramide"). Soziales Lernen formt gleichzeitig Gewissensbildung und ethische Grundsätze.

Die höchste Stufe der Reifung beinhaltet Maslow zufolge als Ausdruck einer gelungenen Entfaltung aller vorgegebenen Potentiale das Vermögen zu Neugier, Empathie und Aufgeschlossenheit, Fantasie, Kreativität und Spiritualität. Es stimuliert die Motivation zu einer Selbsterkundung und Selbstakzeptanz, ruft Fragen nach dem Sinn des Lebens wach und weckt Sehnsüchte nach den Geheimnissen der Welt jenseits des vertrauten Horizonts.

Die über das Internet propagierten Selbstoptimierungsanleitungen konterkarieren diesen natürlichen Reifungsprozess. Mithilfe lobbyistischer Trendsetter werden dort perfektionistisch wirkende Idole glorifiziert, die bei Heranwachsenden Minderwertigkeitskomplexe und Neidgefühle auslösen können, jedoch als Vorbilder nicht geeignet sind. Als Strategien eines fundierten Selbstmanagements bieten sich (s. auch Kap. 2 und 3) persönliche Begegnungen, soziale Engagements und interaktionelle Aktivitäten an mit Kontaktpflege, Austausch und dem Erleben gegenseitiger Anerkennung, Wertschätzung und Verbundenheit trotz aller kulturellen Unterschiede und weltanschaulichen oder politischen Differenzen.

Selbst (pseudoneuronal) hochgerüstete Roboter benötigen bislang mangels Ich-Gefühl und Selbstbewusstheit keine Befriedigung individueller oder kollektiver Grundbedürfnisse. Umso mehr werden jedoch Bemühungen optimiert, die informationstechnologischen Voraussetzungen für immer leistungsfähigere, künstliche Humanoidintelligenzen auch in Richtung mentaler/(pseudo)sozialer Aktivitäten zu schaffen, ein diesbezügliches Ende der stürmischen IT-Entwicklung ist jedenfalls nicht zu erwarten.

Es ist nicht einmal sicher, ob die damit möglicherweise einhergehenden Manipulationen/Imitationen menschlichen Denkens, Erlebens und Verhaltens gesellschafts- und gesundheitspolitisch objektiv und selbstkritisch diskutiert würden (siehe vorlaufende Kapitel).

Zweifellos lassen sich unsere tradierten Vorstellungen von Personalität (einstweilen?) nicht mit dem einprogrammierten (Re-)Agieren von lebensecht wirkenden Androiden in Einklang bringen. Die Konstruktion von transhumanen „Maschinenmenschen" mit Emotionalität und autonomem Selbstmanagement käme einer kalten Dehumanisierung gleich; sie würde den Beginn einer neuen, posthumanen Ära der Evolution kennzeichnen und eine gänzlich andersartige Definition von „Menschsein" erforderlich machen.

Literatur

Dath, D.: Die Abschaffung der Arten. Suhrkamp/Frankfurt 2008
Fischer, E.: Wahrnehmungsförderung: Handeln und sinnliche Erkenntnis bei Kindern und Jugendlichen. Borgmann/Dortmund 2003
Geuter, U.: Körperpsychotherapie. Springer/Berlin 2015
Löscher, W.: Vom Sinn der Sinne: spielerische Wahrnehmungsförderung für Kinder. Don Bosco/München 1994
Malinowsi, P.: Vielfalt Meditation. Springer/Wiesbaden 2019
Maslow, A., Kruntorad, P.: Motivation und Persönlichkeit. 16. Aufl. Rowohlt/Reinbek 1981
Michel, W.: Erlebnispädagogik. 4. Aufl. utb/München 2020
Mommert-Jauch, P.: Embodiment – Die Wechselwirkung zwischen Körper & Seele./Thieme-Trias/Stuttgart 2021
Paffrath, F.H.: Einführung in die Erlebnispädagogik. 2. Aufl. ZIEL/Augsburg 2017
Payk, Th.: Psychologische Heilkunde. Bestandsaufnahme und Zukunft der psychologischen Therapien. Springer/Berlin 2017
Rousseau, J.-J.: Emile oder über die Erziehung. (1762) Reclam/Stuttgart 1963
Tenorth, H.E.: Geschichte der Erziehung. 4. Aufl. Juventa/Weinheim 2008
Thiesen, H.: Kurt Hahn – Pädagogische Umwelten zwischen Konstruktion und Anknüpfung. Univers. Jena 2006

The manufacturer's authorised representative in the EU is Springer Nature Customer Service Centre GmbH, Europaplatz 3, 69115 Heidelberg, Germany. If you have any concerns regarding our products, please contact ProductSafety@springernature.com

Printed and bound by CPI Group (UK) Ltd, Croydon, CR0 4YY

23/03/2026

02076394-0001